Margret Degener / Heinz Hütter

RAUS AUS DEM ZEITSTRESS

SELBSTTRAINING ZUR WORK-LIFE-BALANCE

Die Internetadressen, die in diesem Buch angegeben sind, wurden vor Drucklegung geprüft (Stand: Juni 2010). Der Verlag übernimmt keine Gewähr für die Aktualität und den Inhalt dieser Adressen und Dateien und solcher, die mit ihnen verlinkt sind.

Verlagsredaktion: Erich Schmidt-Dransfeld
Layout und technische Umsetzung: gruppetto, Düsseldorf
Illustrationen: Verena Hinze, Essen
Umschlaggestaltung: Ulrike Kuhr, Berlin
Titelfoto: Ryan McVay/gettyimages®

Informationen über Cornelsen Fachbücher und Zusatzangebote:
www.cornelsen.de/berufskompetenz

1. Auflage
© 2010 Cornelsen Verlag Scriptor GmbH & Co. KG, Berlin

Das Werk und seine Teile sind urheberrechtlich geschützt.
Jede Nutzung in anderen als den gesetzlich zugelassenen Fällen bedarf der vorherigen schriftlichen Einwilligung des Verlages.
Hinweis zu den §§ 46, 52 a UrhG: Weder das Werk noch seine Teile dürfen ohne eine solche Einwilligung eingescannt und in ein Netzwerk eingestellt oder sonst öffentlich zugänglich gemacht werden. Dies gilt auch für Intranets von Schulen und sonstigen Bildungseinrichtungen.

Druck: Druckhaus Thomas Müntzer, Bad Langensalza

ISBN 978-3-589-23763-0

 Inhalt gedruckt auf säurefreiem Papier aus nachhaltiger Forstwirtschaft.

INHALTSVERZEICHNIS

	EINLEITUNG	7
	WIE SIE MIT DEM BUCH ARBEITEN KÖNNEN	8
1	**WAS IST STRESS?**	10
1.1	Die biologische Natur des Stresses	10
1.2	Stress ist nicht gleich Stress	11
1.3	Der Stressverlauf – nüchtern betrachtet	13
1.4	Stress wirkt immer auf vier Ebenen	14
1.5	Das Zusammenspiel von äußerem und innerem Stress	15
1.5.1	Stress ist ein individuelles Produkt	15
1.5.2	Die Quellen von äußerem Stress	16
1.5.3	Innere Stressfaktoren	16
1.5.4	Was geschieht bei Stress im Gehirn?	18
2	**WAS IST DAS BESONDERE AN ZEITSTRESS?** ..	20
2.1	Die Wahrnehmung von Zeitstress	22
2.2	Typische Auslöser des Zustands „Zeitstress"	23
2.3	Stressauslöser einer veränderten Welt	27
3	**WIE WIR MIT STRESS GANZ ANDERS UMGEHEN KÖNNEN**	29
3.1	Die vier Bereiche der Arbeits- und Lebensqualität ...	30
3.2	Sofortmaßnahmen zur Verbesserung der inneren Ordnung..	31
3.2.1	Das Erste: Distanz schaffen – Abstand vom Stress gewinnen	31
3.2.2	Schaffen Sie sich Spielräume!	33
3.2.3	Distanz zu unpräzisen Erwartungen und Befürchtungen finden	36
3.2.4	Der Gefühlsregler – Eine einfache Mentaltechnik	37
3.2.5	Wir können auch anders! Immer!	38
3.3	Flow: Die vielleicht beste Alternative zu negativem Stress	40
3.4	Überblick: Prinzipien, Strategien und Techniken gegen Stress	43

INHALTSVERZEICHNIS

3.5	Strategien für Stresssituationen	44
3.6	Sachliche Problemlösungen	46
3.7	Lebensführung – ein Maßnahmenpaket zur Stressvermeidung	48
3.8	Erkunden Sie die Symptome und Muster Ihres Stressverhaltens	49
3.9	Zusammenfassung	53
4	**WIE WIR ANFORDERUNGEN ERLEBEN – PROBLEM ODER CHANCE**	**53**
4.1	Wie wir unsere Umgebung wahrnehmen – Landkarten des Ichs	53
4.2	Wie entstehen unsere Glaubenssätze?	54
4.3	Potenziale und Ressourcen aktivieren	56
4.3.1	Blockaden beseitigen	57
4.3.2	Kraft und Energie tanken durch das Abrufen positiver Erlebnisse	58
4.3.3	Affirmationen und Bestärkungssätze	60
4.3.4	Kraftvoll in den Tag starten – Das Morgenritual	65
5	**INNERE UND ÄUSSERE BALANCE – EIN LERNZIEL FÜRS LEBEN**	**66**
5.1	Bilder und Metaphern eines in sich ruhenden Selbst	66
5.2	Balance zwischen den Extremen	68
5.2.1	Achtsamkeit – Denk-Fühlen im Augenblick	69
5.2.2	Achtsamkeit gegenüber der Umwelt	70
5.2.3	Achtsamkeit gegenüber innerem Stress	72
5.2.4	Achtsamkeit als Grundeinstellung gegenüber dem Leben	73
5.2.5	Achtsamkeit im Alltag: Pendeln	74
5.3	Weitere stressregulierende Denkmethoden	75
5.3.1	Unstrukturierte Probleme durch Puzzeln lösen	76
5.3.2	Lösungsorientiertes Denken und Fragen	77
5.3.3	An das Konkrete denken – vom Konkreten sprechen	78
5.3.4	Das innere Team – ein Pendeln der Seele	79
5.4	Die dynamische Balance der eigenen Lebensbereiche	81
5.4.1	Auf das Zusammenspiel der Lebensbereiche kommt es an	82
5.4.2	Wie gut ist Ihr Balancesystem aufgebaut?	84

6 ROBUSTES ZEITMANAGEMENT FÜR TURBULENTE ZEITEN 86

- 6.1 Wie Zeitmanagement den Stress vermehren kann 88
- 6.1.1 Zeiteinsparen führt zu Zeitstress 89
- 6.1.2 Informationsflut oder schon „Information Overkill"? 91
- 6.1.3 Multitasking 95
- 6.1.4 Gefährliche Regeln des Zeitmanagements 98
- 6.2 Zeitfresser, Zeitfallen und Grenzen 101
- 6.2.1 Zeitfallen 101
- 6.2.2 Zeitdiebe, Verpflichtungen und das Nicht-Nein-Sagen 103
- 6.2.3 „Zeitkrankheiten" 105
- 6.3 Ansprüche an stressreduzierendes Zeitmanagement 109
- 6.3.1 Pausen, Puffer und Übergänge 111
- 6.3.2 Das Chaos gestalten: Improvisieren 113
- 6.4 Vorrang für das wirklich Wichtige im Leben 115
- 6.4.1 Prioritäten 119
- 6.4.2 Richtig Ziele setzen 119
- 6.5 Die Kalenderwerkzeuge für robustes Zeitmanagement 121
- 6.5.1 Eine dreistufige Zeitplanung 121
- 6.5.2 Was ist besser – ein elektronischer oder ein Papier-Kalender? 125
- 6.6 Planen – Sich hineindenken und doch den Überblick behalten 126
- 6.6.1 Planen Sie schriftlich oder noch besser: zeichnerisch 126
- 6.6.2 Gedächtnistraining – das Erinnern erlernen 129
- 6.6.3 Mentale und technische Vor- und Nachbereitung von Aufgaben 130
- 6.7 Zeitperspektiven bestimmen unser Denken und Handeln 131
- 6.8 Zeitrhythmen und Balance 134
- 6.8.1 Die täglichen Nervensägen 135
- 6.8.2 Die inneren Leistungskurven des Menschen 135
- 6.8.3 Zusammenschau: Zeichnen Sie Kurven 138
- 6.8.4 Kampf den Unterbrechungen: Die tägliche stille Stunde 138
- 6.9 Lebensplanung mit Balance und Lebenssinn 139

7	**DAS RICHTIGE TUN**	141
7.1	Vom Wollen ins Tun kommen – sich selbst motivieren	141
7.2	Umsetzungstipps	144
7.3	Was will ich verändern?	146
	Literaturverzeichnis	150
	Quellen im Internet	152
	Stichwortverzeichnis	153
	Über die Autoren	156

Das vorliegende Buch im Internet:
Unter **www.cornelsen.de/berufskompetenz** finden Sie zusätzliche Artikel zu diesem Buch unter dem Webcode Zeitstress. Dort können Sie insbesondere mehr zum Thema Work-Life-Balance nachlesen.

Die Extra-Website zum Buch bietet weitere Informationen, Aktuelles und Kommunikationsmöglichkeiten. Schauen Sie vorbei unter
www.raus-aus-dem-zeitstress.de

Ein Dankeschön
Für die fleißige Mitarbeit bedanken wir uns ganz herzlich bei unserem Team, für ihre vielen stilistischen und kritischen Anmerkungen bei Sara Herzog, bei Simone Hofer für Recherche und interessante Anregungen und bei unseren Familien schließlich für all die Nachsicht mit uns in der Zeit des Schreibens

Margret Degener und Heinz Hütter

EINLEITUNG

Kennen Sie das, dass Sie für viele Dinge keine Zeit haben? Stehen Sie unter permanentem Zeitstress? Dieses Buch unterstützt Menschen, in allen Lebenslagen, ein ausgeglichenes Zeitmanagement zu erreichen: alleinerziehende Elternteile mit Vollzeitjob, Hausfrauen, die ihr Kleinunternehmen Familie managen, Studenten mit Nebenjob, Manager, die gleichzeitig zahlreiche Projekte unter einen Hut bringen müssen, oder Arbeitnehmer in der Probezeit, die um eine Festanstellung kämpfen. Kurz gesagt, Menschen, für die der Tag immer ein paar Stunden zu wenig hat. Dabei sind wir für unsere Zeiteinteilung selbst verantwortlich, also Herr oder Herrin unserer Zeit. Woher kommt dann das Gefühl, ständig unter Zeitdruck zu stehen und im Zeitstress zu sein? Folgende Fragen sind hier hilfreich:

- Ich gerate in Stress, wenn ...
- Wenn ich gestresst bin, dann ...
- Ich setze mich selbst unter Stress, indem ...

Damit Sie wissen, welche Antworten Sie durch die Lektüre dieses Buches erwarten, beantworten Sie diese drei Fragen schriftlich für sich selbst.

Dieses Buch zeigt Ihnen, warum unser Leben immer schnelllebiger wird. Sie erhalten Informationen, wie Sie sich von alltäglichem Ballast befreien und so Freiräume und Zeitreserven schaffen. Darüber hinaus gibt Ihnen dieses Buch konkrete Hinweise, wie Sie lernen können, einen anderen Blick auf Situationen zu bekommen und Ihre Gedanken mit Mentaltechniken positiv zu beeinflussen. Das Gefühl zu haben, Herr seiner Zeit zu sein, macht Menschen zufrieden und glücklich.

Wir zeigen Ihnen, wie Sie Ihre Ressourcen und Energien einsetzen, um mit stressigen Situationen und achtsamer mit sich selbst umgehen. So schaffen Sie es immer mehr, Herr oder Herrin Ihrer Zeit zu werden.

„Man muss die Dinge so nehmen, wie sie kommen. Aber man sollte dafür sorgen, dass sie so kommen, wie man sie nehmen möchte.

Kurt Götz

Viel Erfolg auf Ihrem Weg wünschen Ihnen

Margret Degener und Heinz Hütter

WIE SIE MIT DEM BUCH ARBEITEN KÖNNEN

„Raus aus dem Zeitstress", so der Titel dieses Buches. Wohin also und wie weit? Vielleicht sind Sie, liebe Leserin, lieber Leser, mit diesem Buch zufrieden, wenn es Ihnen dabei hilft, einfach weniger Stress zu erleben. Eine „Schmerz-lass-nach-Lösung" also oder ein „Weg-von-Ziel". Vielleicht ist es Ihnen aber viel wichtiger, wie Sie durch die Umsetzung eines großen Vorhabens nebenbei die stressigen Situationen Ihres Lebens reduzieren. Das wäre dann ein „Hin-zu-Ziel".

Menschen sind unterschiedlich. Eine Binsenweisheit, werden Sie sagen. Wir haben in den letzten Jahren die Unterschiedlichkeit der Menschen im Hinblick auf ihren Umgang mit Zeit und Stress besonders verfolgt. Dabei haben wir festgestellt, dass diese Unterschiedlichkeit der Menschen alles andere als banal ist: Sie gilt nicht nur für die Zielorientierung, weg von bzw. hin zu. Viele weitere Präferenzen, Einstellungen, Denkschemata und emotionale Muster unterscheiden uns Menschen.

Manche brauchen Druck, andere lassen sich durch ihn blockieren. Viele brauchen eine ruhige Arbeitsumgebung, um sich auf eine Aufgabe konzentrieren zu können. Andere sind leidenschaftliche Multitasker. Sie lieben das Nebeneinander und Durcheinander und werden so erst produktiv. Mindestens genauso unterschiedlich sind die Stresssituationen und deren Intensität, mit denen wir uns auseinandersetzen müssen, und die Chancen, diese erfolgreich zu bewältigen. Wir halten es daher für logisch und konsequent, Ihnen **kein Fertiggericht** bzw. **keine einzelne Strategie** zur Bewältigung von Zeitstress anzubieten. Wir werden Ihnen mehrere Lösungswege anbieten: einfache, die kurzfristig eine spürbare Verbesserung bewirken, wie auch komplexere, die langfristig Ihre Stressresistenz erhöhen und ein Ausbalancieren Ihrer Persönlichkeit ermöglichen.

Zunächst empfehlen wir Ihnen: Lassen Sie sich Zeit mit der Lektüre. Beschäftigen Sie sich ein paar Tage mit einem Kapitel. Nutzen Sie die Übungen und Anregungen, um die Magie eines jeden Themas zu erleben. Die Kapitel setzen bewusst unterschiedliche Akzente: Einige helfen Ihnen, Zusammenhänge zu verstehen. Andere bieten emotionalen Zugang durch Geschichten, Metaphern oder Praktisches zum Üben und Ausprobieren. Durch diese Vielfalt werden Sie Ihre spezifischen Zugänge entdecken.

Wir bieten Ihnen ganz verschiedene Techniken und Übungen an. Wählen Sie die interessantesten aus:

1. Bereits in der Einleitung empfahlen wir Ihnen, gleich zu Beginn Ihrer Lektüre drei Fragen zu beantworten, die Ihnen als Führer durch dieses Buch dienen können.
2. Fast jedes Kapitel enthält Vertiefungsangebote zu einzelnen Aspekten des jeweiligen Themas. Wählen Sie diejenigen aus, zu denen Sie den besten Zugang finden.
3. Notieren Sie Ihre Stresserfahrungen, die Situationen, in denen Sie in eine Zeitfalle tappen, genauso wie die Momente, in denen Ihnen Ihre Arbeit oder Beschäftigung viel Spaß und Genugtuung verschafft. Auf diese Weise können Sie bestimmte Symptome und Muster erkennen, die negative Prozesse bei Ihnen auslösen oder Ihnen die Chance bieten, mit großer Befriedigung eine bestimmte Aufgabe zu lösen. Die Kopiervorlage eines Protokolls dazu finden auf der Seite 50.
4. Vielleicht liegt es Ihnen näher, während der Lektüre dieses Buches ein ganz persönliches Tagebuch führen. Vielleicht wird Ihnen dieses auf Dauer sogar zu einer wertvollen Gewohnheit.
5. Schaffen Sie sich ein Schatzkästchen mit Metaphern, Zitaten und positiven eigenen Erlebnissen. Notieren Sie Dinge, die Sie in eine besondere, wertvolle Stimmung versetzen können: bestimmte Orte, Erinnerungen, Musik, Düfte – was auch immer bei Ihnen positive Emotionen auslösen kann.
6. Wenn Sie das ganze Buch durchgearbeitet haben, ist Ihr Kopf idealerweise voll mit Ideen, was Sie alles ausprobieren könnten. Spätestens dann stellt sich Ihnen die Frage: Und was davon gehe ich jetzt an? Das Kapitel 7 hilft Ihnen dabei, aktiv zu werden. Stellen Sie sich Ihr persönliches Maßnahmenpaket zusammen, um die Qualität Ihres Lebens und Arbeitens zu verbessern. Es können bereits kleine Schritte sein, die Zeitstress spürbar reduzieren und Ihre tägliche Ausgeglichenheit verbessern. Sie wissen ja: „Es gibt nichts Gutes, außer man tut es."

Das alles klingt nach Arbeit? Noch mehr Arbeit? Noch mehr Stress?

Nein, das muss nicht sein. Wenn Sie sich Zeit bei der Lektüre und beim Bearbeiten Ihrer Stressthemen lassen, dann werden Sie reich belohnt werden mit neuen Qualitäten in Ihrem Leben.

1 WAS IST STRESS?

In unseren Alltagsgesprächen setzen wir Stress gleich mit Überforderung und Überlastung, mit Umständen, die wir als unangenehm erleben und über die wir meist nicht gerne sprechen. Umstände also, die von einem Gegenüber Zurückhaltung fordern.

Das mündet dann in Aussagen wie „Ich bin voll im Stress", die als Schutzbehauptung oder als ein Sich-wichtig-machen vorgetragen werden. Darum geht es uns natürlich nicht. Vielmehr interessiert uns das Phänomen Stress als unangenehmes Erleben der eigenen Welt, seine Bezüge zur Zeit und insbesondere die Möglichkeiten, uns von solchen Einschränkungen zu befreien.

1.1 Die biologische Natur des Stresses

Stellen Sie sich vor, Sie leben in der Steinzeit. Mit zwei Stammesgenossen sind Sie auf der Jagd. Sie streifen vorsichtig durch dichtes Gebüsch. Mit der guten Nase der frühen Menschen wittern Sie ein Tier in unmittelbarer Nähe. Es muss ein Bär sein. Sofort weiten sich Ihre Augen, Sie schauen unruhig um sich, geben den anderen mit der Hand Signale. Sie umfassen Ihre Steinkeule fester, Ihre Muskeln spannen sich an. Ihre Sinne suchen fieberhaft nach Anzeichen, wo sich das Tier, der Bär, aufhalten könnte. Vor Ihrem geistigen Auge rasen Bilder vorbei von früheren Begegnungen mit Bären und anderen wilden Tieren.
Ihr kleiner Trupp ist bereit zur Flucht. Gegen einen ausgewachsenen Bären gibt es keine Chance in diesem Gelände ... – Ob es unsere Höhlenmenschen getröstet hätte, wäre ihnen bewusst gewesen, dass ihnen in solchen Stresssituationen ihr Körper alle seine Fähigkeiten zur Flucht schlagartig bereitstellt? Das Denken ist wie vernebelt: Erstarrung. Nach Sekunden gewinnt der Verstand die Oberhand: Ein Bär hat eine hervorragende Nase. Der hätte Sie längst am Wickel ... Es muss also ein kranker Bär oder ein Jungtier sein ... – Die Körperreaktionen schalten blitzschnell um. Plötzlich ist Lust auf Kampf da. Und die Lust auf Bärentatzen. Es gab schon lange kein Fleisch mehr zum Essen ...

Wie diese Geschichte aus einer martialischen Frühzeit der Menschheit zeigt, sind die beiden Stressreaktionen bei Mensch und Tier wesentlich für das Überleben einer Gattung:
- Flucht oder
- Angriff.

Nach wie vor sind es diese beiden Haltungen für Konflikte, Flucht oder Angriff, die uns als Grundmuster zur Bewältigung außergewöhnlicher Situationen zur Verfügung stehen. Wird ein Stressauslöser wahrgenommen, läuft im Körper eine Kettenreaktion ab. Stress bringt so unseren Körper im Nu auf Hochtouren. In Situationen, in denen Kraft und Anstrengung nötig erscheinen, in denen es auf Kampf, Flucht oder Wettbewerb ankommt, profitiert der Mensch von der Energie der Stressreaktion. Sie ist ein biologisches Überlebensprogramm. Ohne Stressautomatismen könnten wir auf außergewöhnliche Herausforderungen nicht angemessen reagieren. Wie der Neuropsychologe Gerald Hüther süffisant formuliert, gilt dieses Überlebensprogramm beim heutigen Menschen wie bei einer primitiven Seeanemone.

Selten haben wir es heute allerdings mit der Bedrohung durch ein wildes Tier zu tun. Auch gewaltsame Bedrohung durch Menschen, so sehr sie laut Medienberichten in den letzten Jahren im Zusammenleben zugenommen hat, ist im Alltag die Ausnahme. Die Bedrohungen sind heute anders. Bedrohungen sind heute eher seelischer Art. Und zwischen körperlicher und seelischer Bedrohung unterscheidet unser Unterbewusstsein nicht.

1.2   Stress ist nicht gleich Stress

Jahrzehntelang hat sich die Stressforschung auf akuten Stress und seine Wirkung auf den Organismus konzentriert. Lange Zeit wurde ihm zu Unrecht eine schädliche Wirkung auf Körper und Geist nachgesagt. Unter akutem Stress wird eine kurzfristige Form der Stressbelastung verstanden. Akuter Stress ist eine natürliche körperliche und psychische Reaktion. Folgt auf akuten Stress ein stressfreier Normalzustand, dann ist dieser Stress durchaus gesund. Entscheidend ist, dass wir uns den Anforderungen der Situation gewachsen fühlen. Auf Dauer steigert er die Leistungsfähigkeit. Entscheidend ist weiter der Rhythmus, der Wechsel von Anspannung und Loslassen. Geschieht dies, können wir an den Aufgaben wachsen und mehr Selbstbewusstsein entwickeln.

Chronischer Stress dagegen bezeichnet häufige und lang andauernde Stressbelastungen. Dieser nimmt einen ganz anderen Verlauf als der kurzfristige, der akute Stress. Chronischer Stress kann zu verschiedenen, teilweise schwerwiegenden gesundheitlichen Problemen führen. Dank der

WAS IST STRESS?

Hirn- und Hormonforschung ist inzwischen klar, dass uns vor allem chronischer Stress schadet. Der Körper verlernt das Entspannen. Ein Teufelskreis: Dauerstress führt zu noch mehr Stress.

Je nach Einschätzung einer Stresssituation – negativ oder positiv – können zwei Stressformen unterschieden werden:
- Disstress tritt ein, wenn ein Ereignis als unangenehm oder bedrohlich wahrgenommen wird, wenn es als Überforderung eingestuft wird.
- Eustress erleben wir, wenn ein Ereignis als angenehm oder lustvoll erlebt wird und eine Herausforderung für uns darstellt.

Kurzfristig, in einer einzelnen Stresssituation, erhöhen beide Formen die körpereigenen Kräfte. Benötigte Körperfunktionen werden aktiviert und nicht benötigte reduziert. Langfristig hebt Eustress die Aufmerksamkeit, motiviert und regt zu mehr Leistung an, während Disstress auf Dauer leistungsmindernd wirkt.

Einen anderen Ansatz, der jedoch mit Disstress und Eustress in Beziehung steht, verfolgt der „Glücksforscher" Mihaly Csikszentmihalyi. Auch sein Ansatz geht vom inneren Erleben aus.

Für Csikszentmihalyi sind die Begriffe Entropie und Flow zentral. Bei seinen langjährigen Untersuchungen stieß er auf ein Phänomen, das er als Flow bezeichnete. Viele befragte Menschen hatten diesen Begriff benutzt, um ganz ähnliche Erfahrungen zu beschreiben: Ist eine Arbeit herausfordernd, eine Aufgabe motivierend aus sich selbst heraus, gelingt ihnen eine hohe Konzentration. Sie erleben ein Fließen oder „Aufgehen im Tun", ein Verschmelzen mit ihrer Aufgabe. Und sie sind dabei glücklich.

Umgekehrt: Wird eine Situation als Überforderung erlebt, besonders wenn sie länger anhält, dann schwindet die innere Ordnung der Gedanken und Gefühle. Je schlimmer die Situation, desto massiver werden Gefühle der Gereiztheit, der Ausweglosigkeit, der Angst. Diese psychische Unordnung bezeichnet er als Entropie. Umgangssprachlich würden wir Entropie wahrscheinlich Chaos nennen. Wobei wir uns unter Chaos oft nur ein undifferenziertes Durcheinander vorstellen.

Besser ist es, wenn wir uns Entropie an einem Beispiel vorstellen. Für viele sieht der graue Arbeitsalltag so aus: angefangene Aufgaben, ständiger

Wechsel zwischen gleichzeitig laufenden Projekten, dauernde Unterbrechungen durch die Telekommunikation oder Besprechungstermine, Auseinandersetzungen und Zuständigkeitskonflikte, unklare Zielvorgaben, rasch wechselnde Prioritäten und viele halbfertige Arbeitsergebnisse. All diese Prozesse bilden sich im Denken und Fühlen als ein wirres Geflecht ab: Satzfetzen zu der einen oder anderen Tätigkeit jagen durch das Gehirn, kehren immer wieder zurück, solange die Tätigkeit nicht abgeschlossen ist. So entstehen Bewusstseinsströme, die unsere Aufmerksamkeit ablenken, Konzentration und klares Denken verhindern. Entropie als innere Unordnung ist ein zentrales Problem des heutigen Lebens.

1.3 Der Stressverlauf – nüchtern betrachtet

Fahren wir mit einer wissenschaftlichen Definition fort: „Stress bezeichnet ganz allgemein einen erhöhten Aktivierungsgrad des Organismus" (Prof. Dr. Gottfried Fischer).

Wenn es einen erhöhten Aktivierungsgrad gibt, dann muss es auch einen normalen geben. Das folgende Drei-Phasen-Stressmodell zeigt den Verlauf der Stressreaktion.

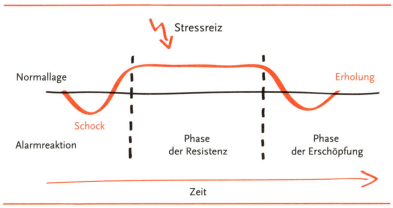

Abbildung 1: Normale Stressreaktion

Die Abbildung zeigt als waagrechte Linie das normale Widerstandsniveau, einfacher gesagt, einen relativ stressfreien Zustand, im Zeitverlauf von links nach rechts.

Stress beginnt mit einer ganz kurzen Phase, dem Schockzustand, in dem wir hilfloser sind als bei „Normal Null". Nun folgt die mittlere Phase, die Stressreaktion, in der unser Körper das Seine tut, um uns die Energie zur Lösung der Stresssituation bereitzustellen. Schließlich tritt eine Erschöpfungsphase ein, in der unser Körper sein Steuerungssystem wieder umschaltet. Stresshormone werden zurückgefahren, andere lebensnotwendige Funktionen wie die Verdauung wieder aktiviert. Schließlich tritt eine Normalisierung der körperlichen Reaktionen ein.

Genau betrachtet gilt dieses Drei-Phasen-Modell allerdings nur, wenn wir von einer einzelnen Stresssituation ausgehen, im Falle von akutem Stress: bei der Begegnung mit einem scheinbar bissigen Hund oder einer kritischen Situation im Straßenverkehr etwa.

Wenn wir uns jedoch den Verlauf von chronischem Stress, Langzeit- oder Dauer-Stress anschauen, verläuft die Stresskurve wesentlich dramatischer. Der Zustand „Normal Null" wird dann nicht wieder erreicht.

1.4 Stress wirkt immer auf vier Ebenen

Was passiert nun in der Blackbox unseres Körpers, bevor wir unter Stress das eine oder andere tun? Gemeint ist mit Körper nicht alleine der Rumpf, der den Kopf von unten abstützt, sondern die ganze Einheit, die auch Kopf und Gehirn umfasst. Gerade im Blick auf Stress können wir unter „Körper" nur unser komplettes natürlich gegebenes System Mensch verstehen. Dieses können wir in vier Ebenen einteilen:
- Das Gefühlserleben (die emotionale Ebene)
- Das Nervensystem (die vegetativ-hormonelle Ebene)
- Wahrnehmung, Denk- und Entscheidungsprozesse („der Verstand")
- Die Muskulatur (die motorische Ebene)

Stresssituationen lösen ein Aktivierungsprogramm aus, das Stresssignale immer auf allen vier Ebenen unseres Körpers verarbeitet. Das Zusammenspiel der vier Körperebenen geschieht als blitzschnelle Kettenreaktion.

Stressauslöser werden mit spezifischen Reaktionen und Handlungen von jeder der vier Ebenen beantwortet. Diese beeinflussen sich gegenseitig, sie schaukeln sich auf – im Extremfall bis hin zu einem „Teufelskreis". Aber alle vier Ebenen, so werden wir im Verlauf des Buches erkennen, bieten Ansatzpunkte, um mit Stresssituationen besser klarzukommen.

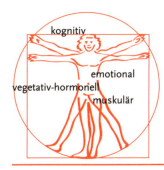

Abbildung 2: Ebenen der Stressignale

Unsere Umgangssprache besitzt zahlreiche Redewendungen, um die einzelnen Stressauswirkungen zu beschreiben: „Ich könnte mich grün um blau ärgern" oder „Mir läuft die Galle über". Die ganze Kettenreaktion, die im Körper abläuft, ließe sich damit ausdrücken: „Wenn ich an diese dämliche Aktion denke, verschlägt es mir die Stimme. Mir läuft die Galle über, dass jemand so etwas veranlassen kann. Ich könnte mich grün um blau ärgern über die Arbeit, die da auf uns zu kommt. Ich zerbreche mir ständig den Kopf, wie wir aus dieser Bredouille wieder herauskommen."

1.5 Das Zusammenspiel von äußerem und innerem Stress

Stress bedeutet Aktivierung aller menschlicher Ressourcen, einschließlich Hormonproduktion und überschüssiger Energien, die für die Lösung der typischen Stresssituationen der heutigen Welt nicht benötigt werden. Da wir heute selten fliehen oder körperlich kämpfen müssen, entwickeln wir andere Verhaltensmuster: Ärger, Wut und Aggressivität, die dann im falschen Moment spontan zum Ausbruch kommen. Die Emotionen fahren hoch und die Intelligenz runter. Nüchterne Entscheidungen treffen, offen mit Konfliktpartnern und Menschen, die uns Stress bereiten, kommunizieren? Ganz schön schwer!

1.5.1 Stress ist ein individuelles Produkt

Einige äußere Stressoren lösen für sich alleine auch beim stabilsten Menschen Stress aus: schwere Unglücke etwa oder anhaltender Lärm. Stresserleben gehört zum menschlichen Leben, ob wir wollen oder nicht.

Andere Stressverursacher benötigen einen inneren Gegenpart, um einen intensiven Stresszustand auszulösen. Je nach Ausprägung dieser inneren Faktoren wird dieselbe Situation mehr oder weniger intensiv als stressig erlebt. Diese Situation löst eine massive Stressreaktion oder nur eine leichte Anforderung aus, sie erfordert eine längere Erschöpfungsphase oder ist nach kürzester Zeit vergessen. Menschen sind unterschiedlich.

> Um die Stresswirkung auf eine einfache – im Grunde zu einfache – Formel zu bringen:
> **Auslöser × persönliche Voraussetzungen = Stressausprägung**

Grundsätzlich ist Stress ein Missverhältnis zwischen der Umwelt – den äußeren Stressoren – und den Bedürfnissen eines Menschen und seinen Fähigkeiten.

1.5.2 Die Quellen von äußerem Stress

Manche Auslöser von Stress, die Stressoren, gibt es in der Umwelt des Menschen schon immer oder zumindest seit Jahrhunderten. Dazu gekommen ist eine Fülle neuer Stressquellen, die mit der sozialen Ausdifferenzierung und Arbeitsteilung, mit der technischen und wirtschaftlichen Entwicklung vor allem in den letzten Jahrzehnten zu tun haben. Ein Großteil rührt aus der Komplexität des Lebens im 20. und 21. Jahrhundert her. Typisch für die äußeren Stressauslöser ist, dass sie relativ unabhängig voneinander in das Leben des einzelnen Menschen eintreten.

1.5.3 Innere Stressfaktoren

Äußere Stressquellen alleine lösen nur zum kleinen Teil einen Stresszustand aus. Sie brauchen einen inneren Gegenpart: innere Stressfaktoren, die mit den äußeren Reizen reagieren.

Kennzeichnend für die inneren Stressauslöser ist, dass sie noch weniger bewusst erkannt und bewertet werden als äußere. Oft werden sie ignoriert, wie die muskulären Symptome, an die man sich bereits gewöhnt hat, werden verleugnet, weil ihnen der Ruch des Krankhaften anhängt oder weil man an die eigene Unverletzlichkeit glaubt. Und außerdem: Innere Stressauslöser aufzuarbeiten würde Auseinandersetzung und Zeit kosten. Und für Lösungen ist, wie immer, keine Zeit vorhanden.

Kennzeichnend ist weiter: Einige der folgenden Faktoren werden durch dauerhaften Einfluss anderer innerer Faktoren aufgebaut oder verstärkt. Viele verschärfen das Stresserleben in Wechselwirkung zueinander, bis hin zum Entstehen eines Teufelskreises. Es sind nicht nur psychisch kranke Menschen, die sich ihren Stress durch ihr Denken und Fühlen selbst schaffen.

ARTEN UND BEISPIELE VON STRESSOREN

Lebensgeschichtlich bedingte Stressoren	Negative Erfahrungen und im Laufe des Lebens erlernte ungeeignete Stressbewältigungsmuster sind Stressverstärker, wie z.B. negative Selbstwahrnehmung oder innere Antreiber und Glaubenssätze
Schonhaltungen, Verspannungen, Schmerzen	Fehlhaltungen, Schonhaltungen und falsche Bewegungsabläufe, Schmerz- und Stresssymptome als Folge früherer Stresserlebnisse begünstigen neuen körperlichen und psychischen Stress
Einschränkungen der Wahrnehmung, des Denkens, Fühlens und Verhaltens	Aktuelle kognitive und emotionale Fähigkeiten werden durch lebensgeschichtlich erlernte Stressbewältigungsmuster eingeschränkt und verstärken selbst den Stress, wie z.B. selektive Wahrnehmung oder zu hohe Ansprüche
Die Stressvermeidungsspirale	Ein Zwang zu positivem Denken, Erfolgszwang, das Verleugnen der Realität lassen negative Gedanken, Pannen und Schwächen als persönliche Niederlage erscheinen, z.B. immer gut drauf sein müssen

Zum letzten Punkt dieser Liste schreiben Prof. Dr. Gottfried Fischer und Kollegen (Universität Köln): *„So kann der Vorsatz, positiv zu denken und Stress zu vermeiden, zu einer weiteren Form von Stress ausarten, zu einer Art Stress zweiten Grades: das Resultat von Versuchen, Stress zu vermeiden oder zu bekämpfen. Ratgeber und Anleitungen zur Stressbekämpfung geraten in Gefahr, einer Stress-Spirale, die natürlich zu Recht bekämpft wird, ein zweites, nicht weniger unerfreuliches Phänomen hinzuzufügen: die Stress-Vermeidungsspirale – jene Stress-Spirale zweiter Stufe, die aus dem Vorsatz entstehen kann, Stress vermeiden zu wollen."*

Und weiter: *„Wenn wir uns selbst gegenüber nur ‚beherrschend' verhalten, unseren Körper einerseits nicht wahrnehmen und nicht auf ihn hören wollen, ihn andererseits aber benutzen und disziplinieren wollen, so ist der Preis für dieses ‚Selbstmanagement' weiterer Stress".*

WAS IST STRESS?

1.5.4 Was geschieht bei Stress im Gehirn?

Die einzelnen Schritte der Stressreaktion – der Reiz des Stressauslösers, seine sensorische Wahrnehmung, das innere Erleben, die Bewertung durch Zwischen- und Großhirn, manchmal bis hin zu einer stressbeseitigenden Handlung – geschehen oft in Sekundenbruchteilen. Dabei handelt es sich um einen hochkomplexen Vorgang, in dem unterschiedliche Abteilungen des Gehirns miteinander kommunizieren.

DAS INNERE STRESSERLEBEN

Abbildung 3: Das innere Stresserleben

Die drei Stufen der Stressbewertung
Seit den 70er Jahren beschäftigte sich der namhafte Stressforscher Richard Lazarus mit der Frage, wie der Mensch ein Ereignis, einen Reiz, beurteilt, um ihn als Stresssituation einzustufen.

Lazarus unterscheidet zunächst zwei Stufen der Bewertung: Die **primäre Stressbewertung** beurteilt die Situation mit den beiden Grundmustern: Bedrohung oder Herausforderung. In der folgenden Tabelle ist die Bedrohung nochmals unterteilt in eine vorübergehende Bedrohung und in einen tatsächlichen Verlust.

Situationsbewertung	Die Emotion	Der Stresstyp
Herausforderung	Interesse, Neugier, Lust	Chance auf Eustress
Bedrohung	Angst oder Ärger	Distress
Schädigung/Verlust	Trauer oder Hilflosigkeit	massiver Distress

Der primären folgt eine sekundäre Bewertung: die Abschätzung der eigenen Kompetenzen in Bezug auf die Situation. Diese Ressourcen werden abgewogen, um herauszufinden, ob sie zum Bestehen in der Stresssituation ausreichen. Daraus ergeben sich ganz unterschiedliche Bewältigungsstrategien: Eine emotionale Belastung entsteht, mit Gefühlen von Ärger bis Hilflosigkeit, verbunden mit der Gefahr, mehr oder weniger viel zu verlieren. Oder Interesse, Neugier oder Lust erwacht und damit eine Chance, durch die Bewältigung der Herausforderung zu gewinnen.

Doch damit ist nach Lazarus nicht alles festgelegt. Das wäre traurig! Der Mensch verfügt über eine dritte Stufe: die kognitive Neubewertung.

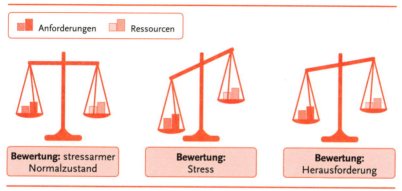

Abbildung 4: Das innere Stresserleben

Die Stressreaktion ist ein dynamischer Prozess. In ihrem Verlauf können bisher gewählte Strategien als wirkungslos erkannt werden. Genauso gut können sich neue Lösungsansätze ergeben. Die primäre Einschätzung, Bedrohung oder Herausforderung, kann umschlagen. Im schlechten Fall kann eine Bedrohung zu einem echten Verlust ausarten. Genauso, das ist die gute Nachricht, kann sich eine Bedrohung plötzlich in eine Herausforderung, in die Chance auf Gewinn verwandeln.

Diese letzte Beobachtung, im Stress die Chance und Herausforderung erkennen und nutzen zu lernen, ist das Kernanliegen dieses Buches.

Nach welchen Maßstäben beurteilt der Mensch einen Stressreiz?

Der primären Bewertung eines Stressreizes folgt, nach Lazarus, eine sekundäre. Diese zweite beruht vor allem auf folgenden Maßstäben:

WAS IST STRESS?

- Neuartigkeit bzw. Bekanntheit
- Mehrdeutigkeit bzw. Transparenz einer Situation
- Grad der Vorhersagbarkeit eines Verlaufes
- Persönliche Bedeutung des Ereignisses
- Intensität und Dauer
- Kontrollierbarkeit

Kontrollierbarkeit ist der wichtigste Maßstab der Stressbewertung. Die wahrgenommenen Anforderungen einer Situation werden mit den eigenen Ressourcen, Fähigkeiten und Energien abgewogen. Neigt sich die Waage auf die Seite der Unkontrollierbarkeit, entsteht Disstress. Kontrollierbare neue Situationen dagegen werden im Gehirn als Anregung oder Herausforderungen verbucht.

1, 2, 3 im Sauseschritt eilt die Zeit, wir eilen mit.

Wilhelm Busch

2 WAS IST DAS BESONDERE AN ZEITSTRESS?

Stress ist also eine besondere Anspannung, in der die Anforderungen die persönlichen Kräfte zeitweilig überschreiten oder zu überschreiten scheinen. Ob diese Anforderungen wirklich größer sind als unsere Ressourcen, das ist eine andere Frage. Dieser Frage werden wir in den weiteren Kapiteln nachgehen.

Natürlich hat Stress immer mit Zeit zu tun. Schließlich geschieht alles, was wir tun, in unserer Zeit. Doch was ist das Besondere an Zeitstress, dem Schwerpunktthema dieses Buches? In der Darstellung über Disstress standen bisher zwei polare Erscheinungsformen im Mittelpunkt:

- Akuter Stress mit vorübergehender Dauer, keinen oder geringen gesundheitlichen Folgen und, je nach Anlass, unterschiedlicher Intensität.
- Chronischer Stress als lang anhaltende Entwicklung mit massiven gesundheitlichen Folgen auf allen Ebenen des Stresserlebens.

Zwischen diesen beiden Polen – akuter Stress und chronischer Stress – ordnen wir „Zeitstress" ein, sowohl was die Dauer, die Intensität als auch die gesundheitlichen Auswirkungen betrifft.

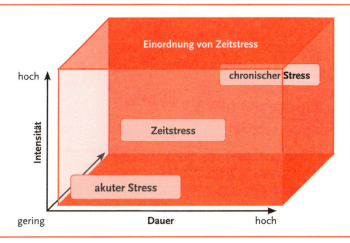

Abbildung 5: Die Einordnung von Zeitstress

Zeitstress füllt somit eine Lücke, den bisher wenig betrachteten und erforschten Raum zwischen akutem Stress und chronischem Stress. Wir gehen davon aus, dass durch die Dynamisierung der gesellschaftlichen, technologischen und wirtschaftlichen Entwicklungen diese Stressform in den letzten Jahren massiv zugenommen hat.

Von Zeitstress wollen wir sprechen, wenn das eigentliche Problem nicht die einzelne Stresssituation ist, die sich je nach Intensität früher oder später wieder auflöst, und wenn ein Stadium einer chronischen Stressdynamik noch nicht erreicht ist. Wenn Stresserleben zu einem Dauerzustand oder Normalzustand wird, die Anspannung über längere Zeit auf einem zu hohen Niveau bleibt und als andauernder Zeitdruck erlebt wird, dann betrachten wir das als Zeitstress. Die dritte Phase des Stresszyklus, die Erschöpfung, erreicht nicht mehr „Normal Null", den Zustand der Entspannung und Ausgeglichenheit. Stattdessen droht ein Verlust an Zeitkontrolle, sofern diese überhaupt möglich ist.

Frei verfügbare, gestaltbare und frei planbare Zeit ist nicht mehr vorhanden oder scheint nicht mehr vorhanden zu sein.

WAS IST DAS BESONDERE AN ZEITSTRESS?

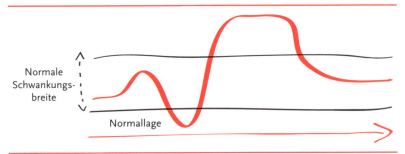

Abbildung 6: Stressreaktion bei Zeitstress

2.1 Die Wahrnehmung von Zeitstress

Nach Bewältigung eines einzelnen Stressauslösers bleibt das Gefühl bestehen: „Ich habe keine Zeit!" Aus einer zeitweiligen Anspannung durch ständig neue Anforderungen wird eine relativ andauernde.

Was unsere Wahrnehmung betrifft, besitzen stressende Ereignisse einen Verdrängungseffekt: Sie drängen sich andauernd in unser Denken, wie ein ständiges Rauschen durch kurze Gedankenschnipsel, Bilder und Töne, die ununterbrochen wie ein News-Ticker Meldungen abstoßen. Diese Impulse lenken ab, stören die Konzentration und kosten letztlich Energie. Immer wieder meldet ein internes Kontrollprogramm: „Keine Zeit!"

> … Ich muss heute unbedingt noch Herrn Blei anrufen! … wo ist die Mappe „Blei"?… neue E-Mails? Mensch, schon halb zwölf! … was wollt ich – ach ja, E-Mails abrufen … Mist, die da muss ich ja gleich … – Blick auf die Uhr – … geht nicht, muss gleich zum Chef … – Abruf der neuen E-Mails – oh, nein, der schon wieder! … für diese Lappalie, gar keine Zeit … wann soll ich denn das machen? … ach, da ist ja die Mappe „Blei" … ne, zu erst zum Chef …

Das Bewusstsein unterscheidet zunächst nicht, ob es sich um Stressauslöser aus der Umwelt oder um Stressimpulse aus der inneren Erlebniswelt handelt. Das Erleben geschieht immer im Kopf. ==Auslöser== können ==äußere Ereignisse== sein – genauso gut kann es sich um ==innere Vorgänge== handeln: unangenehme Vorstellungen, grüblerische Gedanken, schlechte Stimmung, Leistungsdruck aufgrund eines Antreibers *„Mache es allen recht!"* usw., die sich im Gehirn festgesetzt haben.

2.2 Typische Auslöser des Zustands „Zeitstress"

1. Eine unüberschaubare Aufgabe oder ein plötzliches Ereignis beansprucht so viel Zeiteinsatz, dass andere Vorhaben gestrichen, verschoben oder verkürzt werden müssen. Die aktuelle Zeitverwendung oder die – mehr oder weniger funktionierende – Zeitplanung werden über den Haufen geworfen.

> Bei der Entwicklung eines neuen Autos arbeiten Hunderte von Firmen zusammen. Herr Schmidt ist Projektleiter eines Zulieferers der Automobilindustrie. Das Projekt von Herr Schmidt soll die Antennentechnik für einen neuen Premium-PKW liefern. Der Endtermin ist heilig: die nächste große Automobil-Messe. Bis jetzt hat alles gut geklappt. Alle Tests waren erfolgreich.
> Da entscheidet sich der Hersteller des Fahrzeugs zu Änderungen, die gravierende Folgen für die Antennentechnik mit sich bringen. Etliche Arbeitsschritte von Herrn Schmidts Projekts sind jetzt wertlos. Für Herrn Schmidt ist sofort klar: Die nächsten Monate bedeuten Dauerstress.

Auch wenn dieser Fall als organisatorisches und nicht primär als psychisches Problem zu verstehen und zu lösen ist, entsteht beim Betroffenen durch die subjektive Wahrnehmung Zeitstress.

„Was uns ins Irrenhaus bringt, sind nicht die großen Dinge, nicht der Verlust einer Liebe, sondern der Schnürsenkel, der ausgerechnet dann reißt, wenn wir es eilig haben."

Charles Bukowski

---

2. Unerwartete oder unvorhersehbare Ereignisse, die für sich genommen nicht dramatisch sind, drängen sich in solcher Häufigkeit in die Lebensgestaltung, dass dadurch Stress über eine längere Zeitperiode zum Dauerzustand wird.

Treten in einem Zeitabschnitt ständig neue Stressauslöser auf, entsteht Zeitstress. Kaum ist eine Situation bereinigt, folgt das nächste Problem. Es bleibt keine Zeit zum Luftholen und zur Betrachtung der aktuellen Gesamtsituation. Die folgende Darstellung zeigt, wie sich unterschiedliche Stressfaktoren gegenseitig innerhalb eines Monats überlagern könnten.

WAS IST DAS BESONDERE AN ZEITSTRESS?

ZEITSTRESS: HÄUFUNG VON STRESSAUSLÖSERN
IN EINEM GEGEBENEN ZEITRAUM

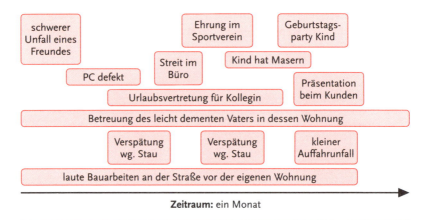

Abbildung 7: Zeitstress – Beispiel für die Häufung von Stressauslösern

In der heutigen komplexen Welt ist es nicht nur das einzelne Stressereignis, das uns bedroht. Ein Klumpen von zeitgleichen und aufeinander folgenden Stressereignissen ist das eigentliche Problem.

3. **Die individuelle Zeitperspektive konzentriert sich vorrangig auf einen der beiden Zeitabschnitte Vergangenheit bzw. Zukunft.**

Die aktuelle Lage kann von ungelösten Problemen aus der Vergangenheit oder Befürchtungen mit Blick auf die Zukunft überlagert werden.

Vergangenheit als Krücke: Georg ist mit fünfunddreißig Jahren als Deutschstämmiger aus Osteuropa nach Deutschland übergesiedelt. Jetzt, seit zehn Jahren, arbeitet er als Sachbearbeiter in einem mittelständischen Betrieb. Mit dem Arbeitstempo und der Vielfalt seiner Aufgaben tut er sich immer noch schwer. Er klagt er immer wieder: „Wir waren es in Rumänien nicht gewohnt, so schnell zu arbeiten. Außerdem hat uns der Chef damals gesagt, was wir tun müssen." Vor Kurzem hat er diese Begründung auch seinem jetzigen Chef gegenüber angeführt, nachdem er mit einer Aufgabe nicht klarkam.

> **Vernebelte Zukunft:** Lisa, ist eine junge Mutter, die sich vier Jahre lang hauptsächlich um ihre beiden Kleinkinder gekümmert hat. Nebenher hat sie, mit einigen zusätzlichen Semestern, studiert. In einem halben Jahr will sie endlich ihr Studium abschließen. Vorher will sie sich erstmals wieder einen großen aufregenden Urlaub mit einer Trekking-Tour gönnen. „Einfach für mich, um dann fit für die Prüfungen zu sein." Eigentlich scheint alles geregelt. Ihr Mann, obwohl beruflich stark engagiert, und ihre Mutter beruhigen sie immer wieder: „Wir kriegen das schon geregelt. Mach dir keine Sorgen!"
> Trotzdem gelingt es Lisa nicht, sich noch vor ihrem Urlaub auf die Prüfungsvorbereitungen zu konzentrieren. Ständig fragt sie sich, ob sie wirklich jetzt in Urlaub fahren kann, ob sie das ihren Kindern gegenüber vertreten kann.

4. Der Umgang mit der eigenen Zeit und Zeitverwendung, von der täglichen Freizeit bis hin zur Lebenszeit, ist so fahrlässig, dass die geistige, körperliche und seelische Fitness eingeschränkt oder gefährdet wird.

Manche Menschen organisieren ihre Arbeitszeit streng nach der Uhrzeit, manche verplanen sogar ihre Freizeit in Halbstundeneinheiten. Die Uhrzeit hindert sie, sich in ihrem eigenen Tempo zu bewegen. Sie ignorieren, dass viele Prozesse des Lebens eine eigene Zeit besitzen. Im Grunde wie bei einem Bauer, der annimmt, dass die Ernte immer nach drei Monaten reif sein müsse. Vieles im Leben besitzt dagegen eine Ereigniszeit, eine Dauer, die von anderen Umständen abhängig ist. Geduld, aufmerksame Beobachtung und Augenmaß sind erforderlich, um den Zeitpunkt der Reife oder des natürlichen Endes zu erkennen.

Wieder andere Dinge im Leben können als sinnvoll und befriedigend erlebt werden, wenn man ihnen Zeitkredit gewährt und sich intensiv auf sie einlässt. Ein Elternpaar kann die Zeit der Schwangerschaft als besondere und wunderbare Phase der Partnerschaft genießen und dabei auf manche üblichen Vergnügungen leicht verzichten. Ein anderes Paar dagegen hetzt verdrießlich vom Arzt zum Geburtsvorbereitungskurs und schließlich zum Babyausstatter und wohin auch immer und bedauert ständig, dass von Monat zu Monat mehr sportliche Aktivitäten und Aktionen des Freundeskreises entfallen.

Weiter die Vernachlässigung ganzer Lebensbereiche, die wesentliche Bedürfnisse der menschlichen Natur abdecken: Typisch sind fehlende Bewegung bei Anfahrt auf vier Rädern, bei acht Stunden im Büro und abendlichem Sofakino. Und weil Fernsehen mit einer Tafel Schokolade und einer

WAS IST DAS BESONDERE AN ZEITSTRESS?

Tüte Chips erst richtig schön ist, wird die Ernährung immer einseitiger und schlechter. Zeit für soziale Kontakte, für intensive Gespräche oder so was wie Nähe und Liebe ist keine.

Andere Menschen neigen zum Gegenteil: Nur kein Event auslassen, fünfmal Fitnesstraining muss die Woche schon hergeben – Übertreiben ist das Gegenteil von Vernachlässigung. Auch das kann schädlich sein.

Schließlich ein unkultivierter Umgang mit sich selbst: Nicht jeder pflegt seine ganz persönlichen Interessen, nicht jeder setzt sich mit dem Sinn des eigenen Lebens auseinander. Manch einem fehlt das Verständnis, das eigene Leben zu verantworten und für den inneren Reichtum des eigenen Lebens selbst zu sorgen.

5. Auch ein falsches Zeitmanagement selbst kann Zeitdruck auslösen.

Ein unrühmliches Kapitel! Sei es, dass wir uns für einen bestimmten Zeitraum zu viel vorgenommen haben und nun feststellen, dass das alles gar nicht zu schaffen ist. Sei es, dass wir in Zeitfallen tappen, die uns unbemerkt wertvolle Zeit stehlen, die eigentlich für andere Aufgaben vorgesehen war. Oder die Ansprüche an die Organisation der eigenen Aufgaben und des Lebens sind so hoch, dass wir diesen Ansprüchen gar nicht gerecht werden können.

Letztlich gibt es sogar einige Zeitmanagement-Tipps, die das Gegenteil von dem bewirken, was sie beabsichtigen.

> Was alle diese Auslöser von Stress verbindet, ist eines: das Gefühl, selbst nicht mehr Herr seiner Zeit zu sein, sondern von anderen getrieben und von eigenen Denkblockaden gehemmt

„Hierzulande musst du so schnell rennen, wie du kannst, wenn du am gleichen Fleck bleiben willst."

(aus: Alice im Wunderland von Lewis Carroll)

2.3 Stressauslöser einer veränderten Welt

Neue ökonomische und technologische Entwicklungen haben die Anforderungen im beruflichen Umfeld stark verändert. Beide Bereiche sind eng miteinander verzahnt. Sie treiben sich gegenseitig an. Vor allem die turbulente Entwicklung der Informations- und Kommunikationstechnologie und ihres wirtschaftlichen Pendants, der Globalisierung, haben die heutige Welt komplexer werden lassen. Auch der dritte große Bereich, der soziale Wandel, ist mit diesem Zwillingspaar der ökonomischen und technologischen Entwicklungen eng verbunden. Im Folgenden nur einige wenige Beispiele, die sich als Verursacher der oben dargestellten Zeitstress-Probleme auswirken können.

Informationsflut – Unterbrechungen – Gleichzeitigkeit
Wer zu vielen Informationen und anderen Reizen ausgesetzt ist, immer mehr Dinge gleichzeitig erledigen muss und dabei ständig unterbrochen wird, ist irgendwann im Laufe des Tages nicht mehr fähig, sich zu konzentrieren, wird gereizt und unproduktiv. So entsteht Dauerstress. Zu vermuten ist, dass dieses Phänomen bei Weitem nicht nur Manager und Büroarbeiter betrifft, sondern zahlreiche Berufsgruppen infiziert sind.

> Es ist einfach verrückt. Mitten in einer Besprechung klingelt das Handy des Kollegen Müller, er schaut aufs Display: „Oh, t'schuldigung, wichtig, Moment bitte – Ja? Ich bin gerade in einem Meeting und rufe zurück., Bitte, also, worum geht es?" Andere Kollegen nutzen die Pause und lesen derweil SMS-Nachrichten. Einer beantwortet auch zwei eilige. Der Kollege Müller wird derweil von der Anklopffunktion des Telefons in seinem Unterbrecher-Anruf unterbrochen. „Sorry, das ist gerade schlecht, ich telefoniere auf der anderen Leitung. Ich melde mich später, versprochen." Auch das Festnetztelefon auf dem Schreibtisch klingelt und wird von der Mailbox versorgt. Die Gonggeräusche vom Computer her signalisieren, dass gerade auch E-Mails eingehen. „Also, worüber haben wir gerade gesprochen?"

Diese Szene hätte noch wenigen Jahren ins Kabarett gepasst und man hätte herzlich über die Utopie gelacht. Sie passt heute noch immer ins Kabarett, nur nimmt sie mittlerweile den ganz normalen alltäglichen Wahnsinn aufs Korn.

WAS IST DAS BESONDERE AN ZEITSTRESS?

Sozialer Wandel
In den letzten Jahrzehnten ist der Anteil weiblicher Erwerbsbeteiligung stark gestiegen. Die Ehe hat eine andere Bedeutung erhalten; *„Sie ist keine Bindung mehr, die ein Leben lang hält, sondern eine Bindung, die nur zu bestimmten Bedingungen aufrechterhalten wird"*, wie die beiden Soziologen Elisabeth Beck-Gernsheim und Ulrich Beck sagen.

Diese Wahlmöglichkeiten setzen sich in neue Lebensformen fort: u.a. die Patchwork-Familie und Alleinerziehende. Insbesondere Frauen sind durch die Doppelbelastung durch Familie und Beruf extrem stressgefährdet.

Langfristiges Planen, sich eine sichere Zukunft aufzubauen, erscheint immer mehr als riskantes Unterfangen. In der Folge wollen sich viele Menschen nicht mehr „innerlich niederlassen". Sie bevorzugen die Unverbindlichkeit. Mietwohnung statt Eigenheim oder Lebensabschnittspartner statt Ehepartner.

Die neue Unvorhersehbarkeit
Alle diese Entwicklungsströme, die wir hier skizziert haben – sei es im Wirtschafts- und Arbeitsleben, im technischen Bereich von Hightech bis zu den Unterhaltungsmedien oder im sozialen Bereich – wollen wir unter dem Begriff „neue Unvorhersehbarkeit" zusammenfassen. Unvorhersehbar war das menschliche Leben natürlich immer. Das Neue daran ist, dass diese jetzigen Veränderungen in einer enormen Geschwindigkeit und weltweit nahezu zeitgleich passieren und eng miteinander verzahnt sind. Komplexität und Dynamik sind die Hauptmerkmale des heutigen Lebens, die wir verstehen lernen müssen, um die persönlichen Herausforderungen zu erkennen.

> Von der Hektik und der langsamen Seele
> Ein weißer Afrikaforscher konnte es nicht erwarten, ins Landesinnere vorzustoßen. Er zahlte seinen Trägern zusätzlichen Lohn damit sie schneller gingen, und über mehrere Tage legten sie ein schnelleres Tempo vor. Eines Abends jedoch setzten sich alle auf den Boden, legten ihre Bündel ab und weigerten sich, weiterzugehen. Soviel Geld er ihnen auch anbot, die Träger rührten sich nicht von der Stelle. Als der Forscher sie nach dem Grund fragte, erhielt er zur Antwort: „Wir sind so schnell gegangen, dass wir nicht mehr recht wissen, was wir tun. Darum warten wir, bis unsere Seele uns eingeholt hat."

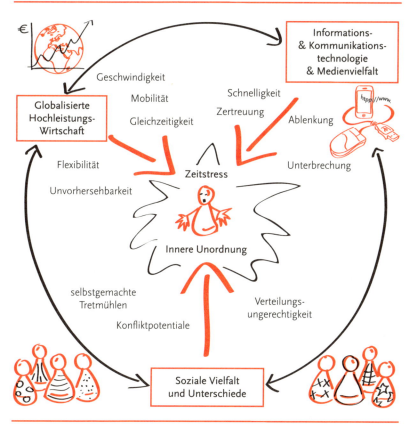

Abbildung 8: Auswirkungen der Dynamisierung auf den Einzelnen

3 WIE WIR MIT STRESS GANZ ANDERS UMGEHEN KÖNNEN

In den letzten Jahrzehnten war die Veränderungsgeschwindigkeit in den unterschiedlichsten Bereichen unserer modernen Welt so hoch, waren die Umwälzungen so groß, ist so viel neue Vielfalt entstanden, wie sie in der Geschichte der Menschheit – außer durch Kriege und Katastrophen ausgelöst – selten vorkam. Die Veränderung all dessen, was als normal und vertraut galt, besitzt massiven Einfluss auf unser Innen- und Seelenleben. Veränderung an sich hat sich zu einer Mega-Stressursache entwickelt: Ständig Neues, Unvorhersehbares, nicht Einzuordnendes irritiert die älteren Generationen, die sich in Mitteleuropa an Ordnung, Stabilität und Überschaubarkeit gewöhnt hatten. Sie beeinflusst die Jüngeren, die in die dynamische Vielfalt der letzten Jahrzehnte hineingeboren wurden und darin aufgewachsen sind: „Die Jugend denkt visuell, parallel und verdammt schnell", fasste bereits Mitte der neunziger Jahre eine Shell-Studie die typischen Eigenschaften von Jugendlichen zusammen – Eigenschaften, die als Merkmale unserer Zeit gelten können. Wie wichtig eine klare Orientierung im Leben ist, wenn Veränderung bereits normal ist, mag jungen Menschen weniger bewusst sein. Wir können das alles positiv sehen: Was wäre unser Leben ohne die Überraschung des Alltags? – Doch es bleiben zwei Fragen stehen:

- Was kann uns im gewöhnlichen Alltag Orientierung geben?
- Wie können wir erkennen, welcher Weg der beste ist, welcher einen Umweg darstellt und welcher uns gar in die Irre führt?

3.1 Die vier Bereiche der Arbeits- und Lebensqualität

Wer sich mit Stress herumärgern muss, hat womöglich zu viel Verantwortung zu tragen. Sei es, dass sie ihm aufgebürdet wurde, sei es, dass er sie sich selbst zumutet wie ein Workaholic. Nur wer dann seine Freiheit wahrnimmt, sich gegen den Stress und für ein sinnerfülltes Leben und Arbeiten zu entscheiden, kann die Einbahnstraße „Stress" umfahren.

Jede tägliche Aktivität kann in zwei negativen Extremen enden:
- Eine Tätigkeit erweist sich als Sackgasse, die uns überhaupt nicht weiterbringt. Der Einsatz bleibt letztlich eine Verschwendung.
- Eine Tätigkeit weitet sich immer mehr aus und zieht weitere Tätigkeiten und Umwege nach sich.

In beiden Fällen stimmt das Verhältnis von Aufwand und Ertrag nicht. Dass wir damit weder unsere wichtigen Verpflichtungen erfüllen noch unseren Arbeits- und Lebenszielen näher kommen, ist wesentlich unangenehmer.

Wenn es uns dagegen gelingt, konzentriert und ungestört zu arbeiten, dann stehen dem zwei positive Extreme gegenüber:
- Eine Tätigkeit entspricht einer Aufgabe oder Pflicht, die wir erfüllen müssen. Es gelingt, diese zu erledigen. Sie bringt uns mit Blick auf unsere Ziele nicht unbedingt weiter. Aber es ist gut, dass sie getan ist. Denn die Tätigkeit entspricht einer Verantwortung, die wir tragen, und ihre Erledigung war notwendig.
- Eine Tätigkeit leistet einen Beitrag, um unseren Zielen näher zu kommen. Seien es berufliche oder private, kurzfristige Etappenziele oder langfristige Lebensziele. Ziele, die das Maß unserer Freiheit zur Gestaltung des eigenen Lebens erhöhen.

3.2 Sofortmaßnahmen zur Verbesserung der inneren Ordnung

Wenn Sie Wert darauf legen, Tag für Tag, Woche für Woche mit den wichtigen Dingen Ihres Lebens und Ihrer Arbeit Fortschritte zu machen, dann sollten Sie einige ganz grundsätzliche Prinzipien kennen. Diese tragen auf die eine oder andere Weise dazu bei, ein ständiges Grundrauschen chaotischer Gedankenströme leiser zu stellen oder abzustellen.

Im Folgenden lernen Sie eine Reihe von Prinzipien kennen, die Stress reduzieren helfen, die Ihre innere Ordnung verbessern und Ihnen neue Denk- und Gefühlsräume öffnen können.

Diese Prinzipien sind verpackt in kognitiv-emotionale Techniken, die Ihnen je nach Stresssituation einzeln oder sinnvoll kombiniert Erleichterung verschaffen können. Wundern Sie sich nicht, dass diese Techniken im Grunde ganz einfach sind.

Eine Pause vom Denken ist eine Pause zum Denken.

3.2.1 Das Erste: Distanz schaffen – Abstand vom Stress gewinnen

Pausen sind oft Unterbrechungen. Das frühzeitige Unterbrechen ist der Sinn einer Pause. Nicht umsonst sind Pausen in den Tagesabläufen von Fabriken und Schulen fest eingeplant. Dienen sie dort eher der Vorbeugung vor körperlicher oder geistiger Überlastung, sind sie im Zusammenhang von Stress Unterbrechungen im Akutfall. Sie sollen Distanz zur stressenden Situation schaffen.

Pausen machen ist mehr als nichts tun
Bei der Arbeit sind wir Stresssituationen ausgesetzt. Vielleicht erleben wir das so, als wären wir in einem Raum eingesperrt, der angefüllt ist mit negativen Wahrnehmungen: mit Anforderungen, dem Zwang, sinn- und wirkungsvoll zu handeln, gefüllt mit unseren Ansprüchen, Versagensängsten und dem Gefühl, keine Zeit zu haben. Vielleicht sind Aggression und Wut im Raum, weil etwas Wichtiges schiefging. Denken und Fühlen bewegen sich im Kreis. Minutenlang. Jeder Versuch, jetzt das Richtige zu tun, ist begleitet von einer leisen Stimme, die flüstert: „Das bringt jetzt nichts!" Vielleicht bemerken wir die Verspannung in den Schultern oder eine schnelle, gepresste Atmung. Wir wollen uns auf das Wichtigste konzentrieren, aber genau das gelingt nicht. Wir kommen aus dem Raum nicht raus!

Was uns in solchen Momenten fehlt, ist Abstand. Abstand ist der Schlüssel, um diesen hermetischen Denk- und Fühlraum, diesen stresskontaminierten Ort zu verlassen. Und wo finden wir diesen Schlüssel? Ganz einfach: indem wir eine Pause machen. Das gilt übrigens auch in hektischen Besprechungen, in denen alle Versuche, endlich vorwärtszukommen, die Atmosphäre noch mehr belasten.

Bei Denkblockaden eine Pause einlegen bedeutet, wieder ins normale Leben zurückzufinden, das lautlos wie ein ruhiger, breiter Fluss vor unseren Augen vorbeifließt. Wir können uns im Hier und Jetzt erden.

- Am besten ist es, den tatsächlichen Raum, das Büro oder Studierzimmer zu verlassen und damit auch den kontaminierten Denkraum hinter sich zu lassen.
- Eine ruhige, ganz banale tägliche Arbeit, Blumen gießen, Tee kochen, Papierkorb leeren, in gleichmäßiger ruhiger Bewegung ausgeführt, reicht bei kleineren Stressanlässen aus, um Abstand zu schaffen.
- Auch der Entschluss, jetzt eine Atemübung einzulegen oder sich an die Wirksamkeit der progressiven Muskelentspannung zu erinnern, kann eine sinnvolle Art der Pause sein.
- Jetzt einen kleinen Spaziergang machen, sofern dies möglich ist, jede Art von Bewegung hilft, Stress abzubauen.

- Haben starke Emotionen die Atmosphäre des verschlossenen Raums belastet, dann sind stattdessen Körperübungen sinnvoll. Sind diese nicht möglich, im Großraumbüro etwa, dann können mentale Übungen von der Last befreien.
- Jetzt ein großes Glas Wasser zu trinken, langsam und Schluck für Schluck, kann nie schaden. Viele Menschen vernachlässigen ihren täglichen Flüssigkeitsbedarf.

All diese Tätigkeiten haben eines gemeinsam: Wir können das ganze Stress-Paket, alle Wirkungen auf Gehirn, Gefühlswelt, Muskulatur und Nervensystem, hinter uns lassen.

Nicht aus der Nähe, aus der Ferne sieht man in solchen Fällen besser! Danach, mit Abstand, finden wir den richtigen Ansatzpunkt zum Weiterarbeiten leichter. Pausen vom Denken werden dann Pausen zum konstruktiven Denken.

Im Kapitel 6.3.1 werden Sie erfahren, wie Sie Pausen in Ihr Zeitmanagement einbauen können – ohne dass Ihnen ein innerer oder äußerer Chef befiehlt: „Sie sind zum Malochen da, nicht zum Pausieren!"

Noch ein Tipp: ==Machen Sie rechtzeitig Pausen==. Nicht erst, wenn Sie bemerken, dass der Raum Ihres Denkens und Arbeitens ganz leise von außen verschlossen wird!

3.2.2 Schaffen Sie sich Spielräume!

Nun könnte sich bei Ihnen eine kritische Stimme melden: „Pausen machen, sehr schön. Aber dafür fehlt mir der Spielraum. Mein Zeitkorsett bringt mich um!"

An dieser Stelle kann Sie ein Vergleich mit einem einfachen Spiel weiterbringen. Sicher kennen Sie noch dieses Geduldsspiel, mit dem sich Kinder beschäftigten, als es noch keine Videospiele gab: Ein kleines Spielbrett mit Platz für 16 quadratische Spielsteine. Ziel ist es, einen markierten Spielstein (z.B. mit einem Kreuz darauf) in die rechte obere Ecke zu verschieben. Daher hat dieses kleine Spiel einen Stein weniger als Felder. Ein Feld ist frei, um Stein für Stein verschieben zu können, so dass man durch geschicktes Hin- und Her-Rangieren den markierten Stein schrittweise in die richtige Richtung bewegt.

Schauen Sie sich zur Veranschaulichung die folgende Abbildung an (wir haben sie auf neun Felder beschränkt, es geht nur um das Prinzip):

WIE WIR MIT STRESS GANZ ANDERS UMGEHEN KÖNNEN

MIT WELCHEM BRETT WÜRDEN SIE AM LIEBSTEN SPIELEN?

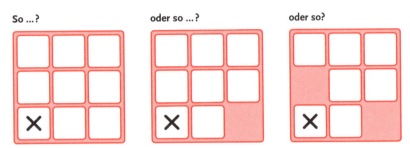

Was können Sie dafür tun, um das beste Brett zu bekommen?

Abbildung 9: Spielräume schaffen

Das „richtige" Spiel ist natürlich das mittlere – mit *einem* freien Feld. Aber wie sieht nun *Ihr* Geduldsspiel aus, wenn Sie an Ihren Stress denken? Arbeiten Sie sich am normalen Spielbrett ab? Mühen Sie sich ständig ab, um Feld für Feld dem Ziel näherzukommen? Oder verlieren Sie die Geduld und geben auf? Bis Ihr Stressproblem erneut auftaucht. Oder besitzen Sie gar das linke Brett, auf dem kein einziges Feld frei ist? Wie schön wäre es, mit dem rechte Brett zu spielen. Zwei leere Felder schaffen Platz, um den markierten Stein mit wenigen Zügen zu seinem Zielfeld zu schieben.

Dreierlei können wir aus diesem Spiel für den Umgang mit Stress lernen:

1. **Besitzt das Spiel keine leeren Felder, dann gibt es keine Chance auf Erfolg – es sei denn, man bricht einen Stein heraus!**
   Was bedeutet das nun für den Umgang mit Stress: Brechen Sie aus Ihrem brechend vollen Alltag die Aufgaben, Tätigkeiten und Ansprüche heraus, die Ihnen den letzten Freiraum rauben. Machen Sie dem unseligen Spiel ein Ende. Schaffen Sie sich mehr Freiraum, immer in einem Ihrer ersten Schritte!

> Stellen Sie sich einmal die Frage:
> *„Was kann entfallen, was brauche ich nicht, ohne dass mir etwas fehlt?"*

2. Sollten Sie Spielräume nicht gleich erkennen können, dann betrachten Sie Ihre Situation aus mehreren Perspektiven. Aus einem anderen Blickwinkel sieht die Welt ganz anders aus.
Mal ehrlich: Würden Sie auf die Idee kommen, einen Stein herauszubrechen? Sozusagen die Spielregeln zu ändern? Das wäre eine kreative Tat. Sie tun sich leichter, neue kreative Ideen zu entwickeln, wenn Sie die Perspektive wechseln.
3. Besitzt man zwei oder mehr freie Felder, dann entstehen immer mehrere Alternativen, wie ein Ziel leicht zu erreichen ist.

Wer nur eine Möglichkeit hat, ist in einer Zwangslage. Wer zwei Möglichkeiten hat, steckt in einem Dilemma. Und wer drei Möglichkeiten hat, kann frei wählen.

Moshe Feldenkrais

Ein guter Schachspieler entscheidet sich erst für einen Spielzug, wenn er mehrere Varianten überprüft hat. Denn wenn Varianten vorhanden sind, muss eine davon die beste sein. Diese gilt es zu finden. Besonders in einer Problemlage sollte man nicht das erstbeste Angebot annehmen.

Diese drei Aspekte – Spielräume schaffen, Perspektiven wechseln und Alternativen suchen – sind drei grundsätzliche Prinzipien zum Umgang mit vertrackten Situationen. In jeder Form von Problemlösungsprozess spielen sie früher oder später eine wichtige Rolle.

Nicht-Ziele

Bleiben wir noch kurz bei der Notwendigkeit von Spielräumen mit zwei besonderen Aspekten: Auch Nicht-Ziele und Grenzen schaffen Spielräume. Bei größeren Vorhaben, bei Projekten, werden oft nicht nur Ziele definiert. Es wird auch festgelegt, was *nicht* Ziele des Projektes sind. Mit anderen Worten: Die Komplexität eines Projekts wird reduziert, indem definiert wird, welche denkbaren Ziele, Hoffnungen und Erwartungen einzelner Beteiligter nicht berücksichtigt werden.

Wer es nicht jedem recht machen muss, tut sich leichter. Vielen „Ja, aber ..."-Einwänden wird von vornherein der Boden entzogen. Das Projekt selbst gewinnt dadurch Spielräume und mehr Gestaltungsfreiheit.

WIE WIR MIT STRESS GANZ ANDERS UMGEHEN KÖNNEN

Nichts verleiht Ihrem Leben mehr Kraft als die Konzentration aller Energien auf eine begrenzte Zahl von Zielen.

Nido Qubein

Grenzen setzen

Grenzen erleben wir in einer friedvollen Welt als Hindernisse. Etwas, was unserer „grenzenlosen" Freiheit entgegensteht. Etwas, was uns aufhält. Aber Grenzenlosigkeit bewirkt auch ein Davonfließen oder ein Zerfließen. Wasser ohne Behälter zerfließt, versickert oder verdampft. Das wiederum sind nun Effekte, die wir im Umgang mit Stress überhaupt nicht gebrauchen können. Sie vergrößern allenfalls die für Stress typische innere Unordnung, das Durcheinander des Selbst in der heutigen Zeit. Grenzenlosigkeit erzeugt auch Wirkungslosigkeit.

Nehmen Sie nicht immer alles mit, was sich Ihnen am Wegrand Ihres Lebens laut, bunt und schrill anbiedert, letztlich aber Freiräume vernichtet!

3.2.3 Distanz zu unpräzisen Erwartungen und Befürchtungen finden

Eine Pause oder Unterbrechung erfüllt den Zweck, den Stresszustand, den kontaminierten Raum, zu verlassen. Was aber tun, wenn dies nicht gelingen sollte? Wenn uns der Stress wie ein streunender Hund, der etwas Fressbares erwartet, hinterherläuft?

Bei fast allen Arten von Stressauslösern sind innere Stressfaktoren mit am Werke. Diese besitzen einen stressverstärkenden Charakter. Eine ausführliche Darstellung dieser massiven Verfolger und Techniken zum Abschütteln dieser streunenden Hunde finden Sie im Kapitel 4.

An dieser Stelle, besprechen wir Sofortmaßnahmen, nur eine ganz einfache Technik. Diese kann unmittelbar Erleichterung verschaffen. Etwa wenn Ihnen Themen folgender Art Stress bereiten:

- Können wir unsere neunjährige Tochter heute Abend alleine zu Hause lassen, um ins Kino zu gehen?
- Kann ich meinem Kollegen sagen, dass man so wie er nicht mit mir umspringen kann?
- Jetzt habe ich also doch gekündigt. Was alles kommt da auf mich zu?

Während die beiden ersten Beispielsituationen sich auf die Zukunft beziehen, liegt im dritten die eigentliche Tat in der Vergangenheit. Auch vergangene Ereignisse können durch Ändern der Zeitform mit den folgenden Fragen bearbeitet werden.

Mit diesen vier vertrackten Fragen – vertrackt sind sie nur wegen der unterschiedlichen Verwendung des Wortes nicht – können Sie mehr Klarheit gewinnen, was Ihnen an Schlimmem bevor steht und was eben nicht:

- Was würde passieren, wenn ich das mache?
- Was würde passieren, wenn ich das nicht mache?
- Was würde nicht passieren, wenn ich das mache?
- Was würde nicht passieren, wenn ich das nicht mache?

Mit diesen vier Fragen werden alle logisch möglichen Beziehungen zwischen Handlung und Auswirkung abgedeckt. Lassen Sie sich bei jeder einzelnen Frage Zeit, bis eine Antwort auftaucht. Es kann auch sein, dass Sie bei einer Frage mehrere Antworten finden.

3.2.4 Der Gefühlsregler – Eine einfache Mentaltechnik

Stress führt uns immer in eine besondere Gefühlswelt. Eine, die das klare Denken behindert. Wenn Sie durch diffuse negative Stimmungen beeinträchtigt werden, dann können Sie versuchen, anstatt sich darauf einzulassen, diese einfach wegzufiltern.

Die folgende einfache Mentaltechnik, die auf Richard Bandler zurückgeht, eignet sich sehr gut, um negative Gefühle zu reduzieren.

> **ÜBUNG**
> - Stellen Sie sich eine Skala Ihrer Gefühle vor: von 1 = ganz schlecht, über 5 = neutral, bis 10 = hervorragend.
>   Diese Skala besitzt einen Schieberegler, den Sie nach links oder rechts bewegen können.
> - Erspüren Sie nun – im Stresszustand –, auf welcher Zahl dieser Skala der Regler stehen würde, wenn er Ihre Stimmung markiert. Konzentrieren Sie sich einige Sekunden nur auf diesen Regler.

WIE WIR MIT STRESS GANZ ANDERS UMGEHEN KÖNNEN

- Versuchen Sie dann, den Regler etwas weiter nach rechts zu schieben, also in die Richtung einer positiven Stimmung. Zunächst nur ein kleines bisschen, vielleicht nur um einen halben Skalenpunkt. Entspricht die Stellung noch Ihren Gefühlen? Wenn ja, dann schieben Sie ihn noch weiter. Prüfen Sie immer, ob Ihre Stimmung ruhiger und gelassener geworden ist. Geht es dann noch ein bisschen weiter in die positive Richtung? Lassen Sie dann Ihren Regler stehen und beenden Sie die Übung.
Wenn es Ihnen gelungen ist, die negative Stimmung einfach wegzuschieben, können Sie sich wieder Ihren aktuellen Aufgaben zuwenden.

3.2.5 Wir können auch anders! Immer!

Alles, was wir wahrnehmen, ist nur *eine* Sicht der Dinge. Andere Menschen würden in derselben Situation etwas ganz anderes wahrnehmen. Auch zu einem anderen Zeitpunkt würden wir selbst einen Vorgang, ein Ereignis ganz anders sehen und beurteilen. Dies gilt besonders in einer Stresssituation, die unser Blickfeld und unseren Denkhorizont verengt. Wer bereit ist, die Dinge anders zu sehen, der kann völlig neue Möglichkeiten und Handlungsoptionen entdecken. Insofern ist es sinnvoll, die Dinge immer aus mehreren Perspektiven zu betrachten, um so neue Alternativen zu entdecken und schließlich unsere Freiräume zu erweitern.

Diese Haltung „Ich kann auch anders!" ist der Zugang zu kreativem Denken. Was, Sie halten sich nicht für kreativ? Da sind Sie auf dem Holzweg! Ein kleines Modell kann Ihnen helfen, Ihr Blickfeld zu erweitern und flexibler und kreativer zu denken.

Bei vielen Problemen erscheint es uns ganz schnell klar, was wir machen werden: das, was wir in solchen Fällen *immer* tun. Irgendein altes Verhaltensmuster wird schon passen, auch wenn damit die Situation nicht endgültig zu bereinigen ist. So entstehen halbgare Lösungen, Schnellschüsse, Flickwerk. Beim nächsten Mal, in einem ähnlichen Fall genauso. Mit der Zeit wächst so das Problem geschwürartig.

Die Frage nach der üblichen Problemlösung steht in der folgenden Abbildung in der Mitte. Beantworten Sie diese Frage als Erstes.

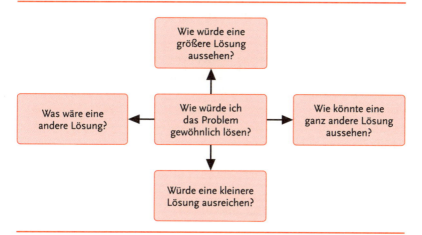

Abbildung 10: Kreative Lösungssuche

Doch Sie können ja auch anders: Jede Sicht eines Problems ist nur eine von vielen möglichen. Also muss es auch andere Lösungsalternativen geben. Versuchen Sie als Zweites, andere Lösungen zu finden, nach Möglichkeit mindestens drei.

Viele **Probleme** sind leichter lösbar, wenn wir sie **verkleinern**. Weil wir es uns oft zu kompliziert machen. Es gibt aber auch Probleme, die besser zu lösen sind, wenn man sie **vergrößert** und **verallgemeinert**. Das klingt paradox! Nur die höhere, allgemeinere Ebene bietet vielleicht den entscheidenden Hebel. Leichter zu verstehen ist das, wenn man bedenkt, dass ein Streit unter Kollegen oft nur noch vom Vorgesetzten beendet werden kann, mit was für Maßnahmen auch immer. Der Vorgesetzte steht auf der höheren Ebene. Befassen Sie sich also auch mit diesen beiden Fragen aus der Abbildung.

Wenn Sie jetzt mehrere Möglichkeiten gefunden haben, dann haben Sie längst noch nicht alle. Wie also könnte eine *ganz* andere Lösung aussehen? Spätestens jetzt stoßen Sie in kreative Denkräume vor.

Probleme kann man niemals mit derselben Denkweise lösen, durch die sie entstanden sind.

Albert Einstein

WIE WIR MIT STRESS GANZ ANDERS UMGEHEN KÖNNEN

3.3 Flow: Die vielleicht beste Alternative zu negativem Stress

„Zur Zeit herrscht in den meisten Institutionen, in denen wir unsere Zeit verbringen – Schulen, Büros, Fabriken –, die unausgesprochene Grundannahme, dass ernsthafte Arbeit hart und unangenehm sei. Diese Annahme bringt es mit sich, dass wir tatsächlich unsere meiste Zeit damit verbringen, Unangenehmes zu tun. Durch die Erforschung der Freude könnten wir herausfinden, wie diese ungute Lage verbessert werden kann."
(Mihaly Csikszentmihalyi)

Und damit kommen wir zurück zu der Unterscheidung von Disstress und Eustress. Eustress bzw. Flow erleben viele Menschen zwar ebenfalls – doch wer bringt ihn in Verbindung mit denselben Anforderungen unserer Umwelt, die uns „unter Stress" drangsalieren? Wem ist bewusst, dass der entscheidende Unterschied darin liegt, dass wir ==im Flow leichter einen Zugang zu== unseren ==persönlichen Ressourcen== erhalten, weil wir eine Aufgabe als spannend und herausfordernd erleben?

> Ein Buchthema Zeitstress erfordert es, diesen zu erleben, um ihn zu verstehen. Um über Flow zu schreiben, braucht man entsprechend ... ?
>
> Um diesen Abschnitt in einem Zustand des Flow zu schreiben, habe ich als Erstes das Schreiben durch eine Pause unterbrochen: Eine Pause vom Denken ist für mich immer eine Pause zum Denken.
> Ich habe unser Zwerghäschen – das zweite ist leider verstorben – zum ersten Mal nach einem langen Winter in sein Freigehege draußen in der Sonne gebracht. Ich habe es eine Weile beobachtet, wie es von einem frischen Grasbüschel zum nächsten hoppelte. Dabei habe auch ich die Sonne genossen.
> Zurück im Büro habe ich „Flow-Musik" ausgewählt. „Talking Timbuktu" von Ali Farka Touré und Ry Cooder. Ich gehöre zu den Menschen, die sich durch die richtige Musik in eine gewünschte Stimmung bringen können.
> Und nun beginnt die Magie: Weil ich mir die Zeit und den Mut nehme, diesen persönlichen Abschnitt zu schreiben, spüre ich, wie ich mich auf das Beschreiben von Flow freue ...
>
> Ob ich mich dabei in der Zeit verlieren werde, wie es bei Flow leicht geschieht, weiß ich noch nicht.
> *Einer der beiden Autoren*

Flow im privaten und beruflichen Alltag ist eine Frage der inneren Haltung und der positiven Einstellung:
- gegenüber einer Aufgabe, die man als persönliche Herausforderung empfindet,
- gegenüber der Zeit, die man sich für die Beschäftigung mit der Aufgabe einräumt, und
- der Absicht, etwas Besonderes erschaffen oder erreichen zu wollen.

Jeder kann sich Situationen schaffen, die seinen eigenen Fähigkeiten entsprechen und genügend Herausforderungen bieten. Und sicherlich machen das viele Menschen, ohne sich dessen bewusst zu sein: Der eine, wenn er sein Auto repariert, die andere, wenn sie, einfach mal so, ein fantastisches Abendmenü zusammenstellt. Ein Dritter erlebt Flow im Büro, wenn er mit seinem Tabellenkalkulationsprogramm ein aussagekräftiges Diagramm erstellt.

Dabei geht es nicht um die Jagd von einem psychischen Kick zum nächsten, sondern vielmehr darum, die richtige Balance zwischen Langeweile und Leistungsdenken zu finden. Dann kann Flow entstehen. Dieser Zustand „Flow" trägt entscheidend zum Stressabbau und damit zur seelischen Gesundheit bei.

Professor Csikszentmihalyi beschreibt Flow als einen Zustand, einen Erlebnisraum zwischen einer Überforderung, die letztlich Angst auslöst, und einer Unterforderung der eigenen Kräfte, die in Langeweile versandet. Flow ist das richtige Verhältnis der Anforderung zu den persönlichen Fähigkeiten.

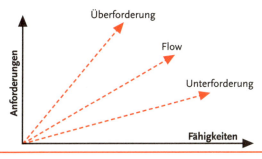

Abbildung 11: Flow – Arbeiten in Balance

WIE WIR MIT STRESS GANZ ANDERS UMGEHEN KÖNNEN

Unter welchen Bedingungen ist Flow möglich?
Flow erlaubt es, die Aufmerksamkeit frei zu lenken. Um unsere psychischen Energien auf eine herausfordernde Aufgabe bündeln zu können, brauchen wir eine innere Ordnung. Csikszentmihalyi nennt dabei acht Hauptkomponenten. Einige davon sind Bedingungen für das Entstehen von Flow, andere sind Automatismen während einer Flow-Erfahrung:
1. Die Aufgabe muss so zugeschnitten sein, dass wir sie als Herausforderung empfinden. Sie ist nur durch besondere Anstrengung lösbar.
2. Wir sind fähig, uns auf diese Aufgabe zu konzentrieren.
3. Die Aufgabe ist erkennbar auf ein Ziel ausgerichtet.
4. Sie liefert unmittelbar Rückmeldung über den Fortschritt.
5. Die Aufgabe kann in müheloser Hingabe erledigt werden. Diese Hingabe verdrängt Sorgen und Frustrationen des Alltags aus dem Bewusstsein.
6. Ein Gefühl von Kontrolle über die Tätigkeit wird erlebt.
7. Die Sorgen um uns selbst verschwinden. Mit der Flow-Erfahrung stellt sich tiefe Freude ein. Das Selbstgefühl ist stärker als vorher.
8. Das Gefühl für Zeitabläufe ist verändert: Zeit ist nicht mehr das, was die Uhr misst.

Die achte Komponente ist allerdings einer der beiden heiklen Punkte beim Arbeiten unter Flow-Bedingungen: Die Zeit vergeht wie im Flug. Nach Abschluss einer Arbeit in Flow ist schon mancher aufgewacht, um festzustellen, dass in dieser Zeit andere wichtige Arbeiten liegen blieben.

Auf den zweiten dunklen Punkt weist Csikszentmihalyi selbst hin: Zu viel unter Flow-Bedingungen arbeiten. Besonders bei Chirurgen stieß er auf Menschen, die so in ihrer Arbeit aufgingen, dass sie außerhalb ihres Arbeitsumfeldes keine befriedigenden Tätigkeiten mehr finden konnten. Es ist also Vorsicht ist geboten: Auch Flow kann süchtig machen. Womit wir beim Thema Burnout wären. Wer seine Aufmerksamkeit frei lenkt, der besitzt im Grunde auch die Möglichkeit, sich ausschließlich auf die Arbeit zu konzentrieren und dafür die eigene Gesundheit und das soziale Umfeld zu vernachlässigen.

Doch bleiben wir bei den positiven Ergebnissen von Flow. Wenn man in der Lage ist, sich selbst so zu organisieren, den Zustand fließender Energie bewusst zu erzeugen, dann verbessern sich auf Dauer die Leistungsfähigkeit und die persönliche Lebensqualität von alleine. Sogar langweilige Routinearbeiten können mit einer positiveren Einstellung erledigt werden.

Auf Dauer fördert Flow eine **zunehmende Reifung** und eine **komplexere Selbstorganisation**. Flow dient also der persönlichen Weiterentwicklung. Flow ermöglicht etwas, was wir in einer immer unübersichtlicheren, schneller getakteten Welt dringend brauchen.

Glücksforscher Csikszentmihalyi schreibt: *„Wir erschaffen unser Selbst, indem wir diese Energie anwenden. Erinnerungen, Gedanken und Gefühle werden durch ihre Anwendung geformt. Sie ist zudem eine Energie unter unserer Kontrolle, mit der wir nach Belieben umgehen können. Daher ist Aufmerksamkeit das wichtigste Werkzeug bei der Aufgabe, die Qualität von Erfahrungen auf eine höhere Stufe zu bringen."*

Dem Glücklichen schlägt keine Stunde.

Volksmund

3.4 Überblick: Prinzipien, Strategien und Techniken gegen Stress

So unterschiedlich die Stresskonstellationen des Lebens sein können, so vielfältig sind die Möglichkeiten, den persönlichen bedrückenden Situationen und dem Zeitstress zu begegnen.

Mit den bisher vorgestellten Prinzipien und Techniken kennen Sie nun einen **Werkzeugkasten**, den Sie immer bei sich tragen können. Gefüllt mit Allzweckwerkzeugen, die Ihnen helfen, den einen oder anderen Faktor, den eine vertrackte Stresssituation so mit sich bringt, zu neutralisieren oder gar – durch Arbeiten im Flow – in eine bereichernde Herausforderung ummünzen zu können.

Diese bisher vorgestellten Werkzeuge beziehen sich im Wesentlichen auf den **kognitiv-emotionalen Stressverarbeitungsprozess**, der in der folgenden Abbildung als Rahmen dargestellt ist. Alle diese Prinzipien und Techniken können in einzelnen Phasen dieses Prozesses angewandt werden. Einige sind nur in einer bestimmten Etappe hilfreich, andere können in mehreren Phasen nützlich sein.

WIE WIR MIT STRESS GANZ ANDERS UMGEHEN KÖNNEN

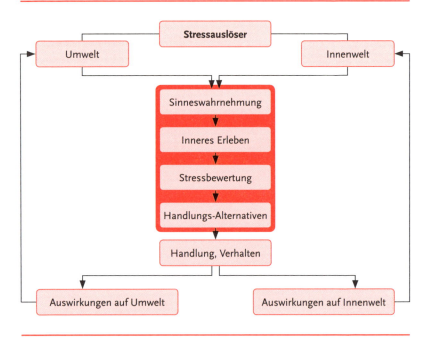

Abbildung 12: Der Stressprozess

Außer den bisher vorgestellten einfachen Werkzeugen gibt es eine Fülle weiterer Ansatzpunkte, Strategien, Prinzipien und Techniken, um einer spezifischen Stresssituation zu begegnen.

3.5 Strategien für Stresssituationen

Wenn wir uns in einem Stresstunnel befinden, sehen wir oft nur einen Ausgang und treten die Flucht nach vorne an. Wir sagen dann: „Ich bin *im Stress.*" Wir können jedoch, so haben wir bisher behauptet, auch ganz anders! Dazu müssen wir jedoch die Stresssituation von außen betrachten.

An jeder einzelnen Stelle des Stressprozesses können wir ansetzen, um eine Strategie zu entwickeln.

STRATEGIEN FÜR DEN STRESSFALL

Phase des Stressprozesses	Mögliche Strategien
Stressauslöser in der Umwelt	■ Wie kann ich diesen Stressauslöser ausschalten? ■ Was kann ich zur Vorbeugung tun? ■ Wie kann ich ihn reduzieren? ■ Wie kann ich mich davor schützen, dass er großen Schaden anrichtet? ■ Muss ich den Stressauslöser so annehmen, wie er kommt?
Innere Stressauslöser	■ Was sollte ich in meiner Vergangenheit aufräumen, damit es mich künftig nicht mehr beeinträchtigt? ■ Welche Erfahrungen meines Lebens geben mir viel Kraft und Zuversicht? Wie kann ich diese als persönliche Ressourcen nutzen? ■ Wie kann ich das Beste aus dieser Situation machen? ■ Was könnte mich an dieser Situation herausfordern, so dass ich sie mit aller Hingabe und im Flow bewältigen kann? ■ Wie kann ich mir Spielräume schaffen, um das Problem konzentriert und in Ruhe zu bewältigen?
Sinneswahrnehmung von Stress, inneres Erleben, Bewertung der Stresssituation, Handlungs-Alternativen suchen	■ Wie kann ich mich gegen dieses Stressgefühl immunisieren? ■ Wie kann ich mich am besten abreagieren? ■ Wie kann ich mich entspannen? ■ Was kann ich jetzt tun, um wieder meine innere Balance zu finden? ■ Was sollte ich einfach loslassen, wenn ein bestimmtes Ereignis eintritt? ■ Welche Sätze und Bestätigungen helfen mir, diese Stresssituation zu bewältigen? ■ Wie kann ich das anders oder ganz anders bewerten?
Handlung und Verhalten	■ Welche Alternativen habe ich noch? ■ Wer oder was könnte mir dabei helfen?
Auswirkungen auf die Umwelt	■ Was passiert (nicht), wenn ich das (nicht) tue? (vgl. Abschnitt 3.2.3) ■ Welche Chancen bieten sich durch dieses Problem? Was könnte ich dabei sogar gewinnen?
Auswirkungen auf meine Innenwelt	■ Was könnte ich durch diese Herausforderung lernen?

WIE WIR MIT STRESS GANZ ANDERS UMGEHEN KÖNNEN

Eine Strategie ist grundsätzlich eine festgelegte Vorgehensweise, um ein Ziel zu erreichen. Da sich die Dinge immer anders entwickeln, als wir annehmen, ist eine Strategie dann gut, wenn sie taktische Varianten erlaubt, um uns auf veränderte Bedingungen einzustellen. Eine Strategie sollte also auch flexibel sein.

Wenn wir den aktuellen Stressprozess so, ganz nüchtern, betrachten, dann bieten sich für die einzelnen Phasen immer mehrere Ansatzpunkte und Alternativen an. Besonders wenn wir von Zeitstress als einem länger anhaltenden Zustand ausgehen, der aus einer Reihe einzelner Stressquellen besteht, können Sie mit der in der vorstehenden Tabelle aufgeführten Liste von Fragen zahlreiche Ansatzpunkte entdecken. Wenn Sie sich diesen Fragen stellen, stehen übrigens die Chancen gut, dass Sie beim Durchgehen dieser Liste in einen Flow-Zustand gelangen.

Alle diese Fragen helfen, eine komplexe Stresssituation neu zu bewerten und dabei eine bestimmte Strategie zu entwickeln. Genau diese Neubewertung ist es, die den Homo sapiens, den modernen Menschen, gegenüber unseren Vorfahren und gegenüber Tieren auszeichnet.

3.6   Sachliche Problemlösungen

Probleme haben in der Regel einen sachlichen Kern. Ist der Auslöser so stark, dass eine Stressreaktion hervorgerufen wird, dann stellt uns unser Körper Ressourcen bereit: Manche, wie Hormonüberschüsse, muskuläre Zustände und emotionale Befindlichkeiten, sind allerdings einer Lösung eher abträglich. Zur Erinnerung: Die Probleme, die wir heute zu bewältigen haben, sind selten so, dass wir sie durch Kampf oder Flucht lösen können. Diese Begleiterscheinungen des Stresserlebens blockieren die Konzentration und die sachliche Auseinandersetzung. Erst wenn der Kopf wieder frei ist, kann das eigentliche sachliche Problem konstruktiv angegangen werden.

Doch auch die Sache selbst kann uns Stress bereiten. Nicht umsonst heißt es: Der Teufel steckt im Detail. Häufig benötigt eine befriedigende Lösung wesentlich mehr Zeit als ursprünglich veranschlagt. Wir verheddern uns oder betreiben übertriebenen Aufwand. Bei sachlichen Problemen ist also Arbeitsmethodik gefragt. Auf eine gewisse Systematik sollten Sie dabei Wert legen. Das folgende Vorgehen eignet sich für sachliche Problemlösungen, sofern diese überschaubar und nicht zu komplex sind.

Auf den ersten Blick mag dieses Vorgehen als aufwändig erscheinen. Bei vielen Problemanlässen reicht es aus, ausschließlich nach der linken Spalte vorzugehen. Steckt der Teufel im Detail, dann sollten Sie auch die ergänzenden Fragen berücksichtigen.

METHODE ZUR SACHLICHEN PROBLEMLÖSUNG

1	Beschreiben Sie das Problem	■ Was ist das aktuelle Problem? ■ Wie ist das Problem entstanden? ■ Was könnte passieren, wenn ich nichts unternehme?
2	Formulieren Sie Ihr Ziel	■ Was will ich erreichen? ■ Welche Hindernisse könnten dabei auftreten? ■ Was könnte mir helfen, diese zu überwinden? ■ Was wird besser sein, wenn ich mein Ziel erreicht habe?
3	Suchen Sie Lösungsmöglichkeiten	■ Welche Schritte könnten dazu beitragen, das Problem zu lösen? ■ Welche Alternativen gibt es? Suchen Sie nach mindestens drei Alternativen.
4	Bewerten Sie die Lösungen mit Blick auf Ihr Ziel und wählen Sie die beste aus	■ Welche Vor- und Nachteile hätte diese Lösung? ■ Welche Hindernisse könnten mir bei Wahl dieser Lösung in den Weg kommen? ■ Was oder wer könnte mir dabei helfen? ■ Gibt es etwas, das ich aufgeben müsste, wenn ich diese Lösung erreiche? Entscheiden Sie sich dann für die aussichtsreichste Lösung.
5	Erstellen Sie einen Handlungsplan	■ Was muss ich tun, um die Lösung umzusetzen? Sammeln Sie sinnvolle Maßnahmen und ordnen Sie diese, z.B. in einer strukturierten Liste.
6	Setzen Sie die geplanten Handlungsschritte um	■ Hat dieser Schritt das gewünschte Ergebnis erbracht? Überprüfen Sie immer wieder, ob Sie noch auf dem gewünschten Weg sind. Ändern Sie Ihr Vorgehen bei Abweichungen, verbessern Sie es.
7	Prüfen Sie den Erfolg Ihrer Maßnahmen	■ Kann ich den Erfolg erkennen? ■ Was sollte ich noch tun, um den Erfolg dauerhaft sicherzustellen? ■ Was konnte ich aus dieser Problemlösung lernen?

WIE WIR MIT STRESS GANZ ANDERS UMGEHEN KÖNNEN

Für **komplexe** Probleme, die zunächst unüberschaubar wirken und die sich im Laufe der Zeit wieder verändern, eignet sich eher ein **zyklisches Problemlösungsmodell**. Dieses wird ausführlich dargestellt im Taschenbuch „Zeitmanagement", das auch in Zusammenarbeit von uns beiden Autoren entstanden und in der Reihe Cornelsen Pocket Business erschienen ist.

3.7 Lebensführung – ein Maßnahmenpaket zur Stressvermeidung

„Wer mit 50 wie 40 aussehen will, muss mit 30 anfangen, etwas dafür zu tun", betont Dr. Müller-Wohlfahrt, Arzt der deutschen Männer-Fußballnationalmannschaft. Diese Erfahrung gilt nicht nur für Beauty und Wellness. Leicht abgewandelt können und müssen wir sie auch auf die Stressvorbeugung beziehen: Wenn Sie bestimmte stressverschärfende Effekte langfristig gar nicht erst eintreten lassen wollen, dann sollten Sie frühzeitig Ihre Lebensführung darauf ausrichten, Ihren Körper fit zu halten.

Dabei geht es um Bausteine einer gesunden Lebensführung. Empfehlungen, die Ihnen im Grunde fast alle bekannt sind. Der eine oder andere Baustein ist sicher eine Ihrer festen Gewohnheiten.

- **Aktivitäten, die körperlichen, seelischen und geistigen Ausgleich zur Folge haben**: Sport treiben, Spielen – vor allem mit Kindern –, Lesen, Musik hören, Malen oder Basteln sind nicht nur Aktivitäten mit Selbstzweck. Sie beugen Stressauswirkungen vor.
- **Entspannungstechniken**: Progressive Muskelentspannung nach Jacobsen, Tai Chi, Yoga oder Meditation schaffen mehr Gelassenheit für den Alltag.
- **Gesunde Ernährung und ausreichende Flüssigkeitsaufnahme** (Sie wissen, welche Flüssigkeiten wir hier meinen und welche nicht) schützen nicht nur vor Mangelkrankheiten, sondern erhöhen die Belastbarkeit, verbessern die Konzentration und schaffen Leistungsreserven.
- **Mäßiger Genuss und kontrollierter Umgang mit Drogen aller Art** entlasten den Körper von belastenden Verarbeitungsprozessen.

Es würde der Bedeutung dieser Themen nicht gerecht werden, wenn wir sie hier auf einigen wenigen Seiten gleich umsetzbar darstellen wollten.

Sie kennen die meisten dieser Bausteine einer nachhaltigen Lebensführung. Zahlreiche Ratgeber liefern Ihnen vertieftes Wissen. Kurse öffentlicher Bildungsträger und andere Seminare vermitteln spezielle Techniken und Übungen dazu.

3.8 Erkunden Sie die Symptome und Muster Ihres Stressverhaltens

Am Anfang dieses Buches gaben wir Ihnen verschiedene Empfehlungen, wie Sie mit Hilfe dieses Buches Ihrem Zeitstress zuleibe rücken können. Eine unserer Empfehlungen ist es, stressige Situationen und Tätigkeiten in einem Protokoll zu erfassen. Das auf der folgenden Seite abgedruckte Protokoll geht unmittelbar von den ganz konkreten Stresssituationen Ihres Berufs- und Privatlebens aus. Das ist der besondere Wert dieses Protokolls, den Sie nutzen sollten, auch wenn Sie nicht gerade ein Freund des Protokollierens sind. Sie finden Muster im Internet bei den Ergänzungsmaterialien zum Buch, können es also in der einsatzfähigen Größe A4 ausdrucken.

Jeder Mensch erlebt Situationen, die ihm Disstress bereiten, aber auch solche, die ihn in einen Flow-Zustand versetzen können. Stress kann ja beides sein: Problem oder Herausforderung. Solche Situationen oder Tätigkeiten sind oft frühzeitig an bestimmten Symptomen erkennbar. Sie verlaufen häufig nach bestimmten persönlichen Mustern. Andere Situationen können durch Maßnahmen des Zeitmanagements bewältigt oder vermieden werden, wie wir sie in Kapitel 6 vorschlagen.

Die Ziele dieser Protokollführung:
- Sie erkennen, wann welche Arten von Stressfaktoren auf Sie einwirken.
- Sie identifizieren, wann und wie Sie in Zeitfallen geraten.
- Im Überblick können Sie bestimmte Muster erkennen.
- Sie werden sensibler gegenüber Situationen, die Sie als Herausforderung, in einem Flow-Zustand, bewältigen können.
- Sie gewinnen letztlich mehr Einfluss auf Ihre Selbststeuerung durch Maßnahmen des Zeitmanagements.

WIE WIR MIT STRESS GANZ ANDERS UMGEHEN KÖNNEN

1	2	3	4	5	6	7	8	9
Datum und Uhrzeit	Konkrete Auslösersituation oder -tätigkeit	Was hat mich gestört oder unterbrochen? Was hat bei mir Disstress ausgelöst? Was war es genau?	In was für eine Zeitfalle bin ich getappt? Wann wurde mir Zeit gestohlen? Wobei zeige ich Symptome einer „Zeitkrankheit"? Was waren die Auslöser?	Was hat bei mir Flow/Eustress ausgelöst? Wie ging das genau? Kann ich das bewusst herbeiführen?	Wichtigkeit	Dringlichkeit	Wie sähe die optimale Lösung aus?	Habe ich bewusst zusätzliche Pausen und Puffer eingebaut? Waren es Momente der Achtsamkeit? Was hat es mir gebracht?
s. Kap. 3.4		s. Kap. 6.2	s. Kap. 3.3	s. Kap. 6.4			s. Kap. 6.3.3	s. Kap. 6.5

Abbildung 13: Der Stressprozess und die Ansatzpunkte zur Stressbewältigung

Vorgehen:
- Notieren Sie über einen Zeitraum von mindestens einer Woche solche besonderen Ereignisse. In den Spalten 1 und 2 geben Sie in jeder Zeile an, wann und bei welcher Tätigkeit etwas Besonderes passierte.
- Die Spalten 3 bzw. 4 sind für Ihre „Weg-von-Ziele" vorgesehen. Beschreiben Sie darin, was bei einer bestimmten Tätigkeit genau geschah: Disstress bzw. eine Zeitfalle/Zeitdieb/„Zeitkrankheit".
- Ab Spalte 5 enthält das Protokoll „Hin-zu-Ziele". Beschreiben Sie in Spalte 5 Flow-Erfahrungen.
- Die weiteren Spalten 6 bis 9 beziehen sich auf drei wesentlichen Bausteine des Zeitmanagements, um das Beste aus Stresssituationen zu machen. Wo Sie nähere Erklärungen zur jeweiligen Spalte finden, ist in der letzten Zeile des Protokolls auf S. 50 angegeben und das betrifft drei „Bausteine".

Diese drei Bausteine sind:
- die Unterscheidung von Wichtigem und Dringlichem,
- die Möglichkeit, den optimalen Verlauf einer Aufgabe vorab zu visualisieren,
- der Einbau von Puffern und Pausen, die Ihnen die Chance zu achtsamer Wahrnehmung und zur Stabilisierung Ihres Zeitplans geben.

Die Auswertung:
Möglicherweise entdecken Sie bereits beim Erfassen besonderer Ereignisse neue Ansatzpunkte. Ansonsten empfehlen wir, mit einer Auswertung zu beginnen, wenn Sie dieses Protokoll eine Zeit lang geführt haben. Folgende Fragestellungen sind dann sinnvoll:
- Gibt es typische Auslöser für ein bestimmtes Ereignis?
- Sind Muster erkennbar, wann, warum und wie etwas entstanden ist?
- Was kann ich aus diesen Erkenntnissen für künftige Situationen als Erfahrungsgewinn mitnehmen?

WIE WIR MIT STRESS GANZ ANDERS UMGEHEN KÖNNEN

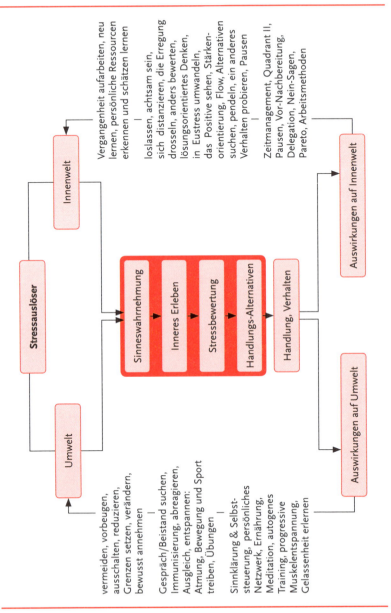

Abbildung 14: Der Stressprozess und die Ansatzpunkte zur Stressbewältigung

3.9 Zusammenfassung

Kurzfristig gibt es eine Fülle von Ansatzpunkten, um Stress zu begegnen. Die Macht äußerer Stressoren und die Wirkung des inneren Stresserlebens kann durch teilweise recht einfache Techniken beeinflusst werden.

Arbeitsprozesse werden komplexer. Von äußeren Einflüssen werden wir immer abhängig bleiben. Lernen Sie, die Macht äußerer Stressoren und die Wirkung des Stresserlebens durch Übungen zu beeinflussen.

Längerfristig sind weitere Ansatzpunkte erlernbar oder anwendbar. Diese dienen nicht ausschließlich der Stressbewältigung. Viele davon sind Maßnahmen der Lebensführung, die nachhaltig die Gesundheit des ganzen Körpers fördern.

> Wenn Sie an mehreren Stellen anpacken, um dem eigenen Stress zu begegnen, erhöhen sich die Chancen, Disstress deutlich zu reduzieren, in Eustress umzuformen, das Leben ausgeglichener gestalten und sich auf das wirklich Wichtige im Leben zu konzentrieren!

4 WIE WIR ANFORDERUNGEN ERLEBEN – PROBLEM ODER CHANCE

Vieles hat alles in den letzten Jahrzehnten in unserer Gesellschaft verändert. Die entscheidende Frage ist jetzt, wie wir mit den Veränderungen, die von außen auf uns einwirken, in unserem Leben umgehen.

4.1 Wie wir unsere Umgebung wahrnehmen – Landkarten des Ichs

Wie unterschiedlich die Wahrnehmung bei verschiedenen Menschen ist, wird auch in der „Landkarte des Ichs" deutlich. Abhängig von den persönlichen Erfahrungen des Lebens haben verschiedene Situationen für verschiedene Menschen ganz unterschiedliche Bedeutungen. Während z.B. die eine Person in einem Stück unberührter Natur Frieden und Ruhe sieht, verbindet jemand anderes damit nur Langeweile.

WIE WIR ANFORDERUNGEN ERLEBEN

Man kann unsere individuelle Sicht der Dinge mit einer Landkarte vergleichen. Die Karte bildet ab, was eine Person aus ihrer Umgebung wahrnimmt und wie sie die Dinge darin interpretiert. Eine Landkarte dient der Orientierung. Sie zeigt uns, wo wir stehen, welche Wege wir gehen können und wo sie uns hinführen. Aber eine Landkarte ist immer nur ein Modell, nur eine Abbildung der Realität. Und sie ist immer nur *eine* Möglichkeit, die Welt abzubilden. Sie vereinfacht und vernachlässigt die Dinge, die als nicht wichtig erscheinen. Genauso ist es mit unseren persönlichen Landkarten. Solange wir mit unserer Landkarte gut zurechtkommen, glauben wir den einzig richtigen Weg zu kennen.

4.2 Wie entstehen unsere Glaubenssätze?

Eine besondere Bedeutung im Hinblick auf die Lösbarkeit einer Aufgabe nehmen Glaubenssätze ein.

Glaubenssätze sind Meinungen und Überzeugungen, die man sich mehr oder weniger bewusst, aus seinen bisherigen Erfahrungen aufbaut oder von anderen Menschen übernimmt. Die meisten Glaubenssätze werden bereits in der Kindheit erlernt, durch Beobachtung und Aussagen der Eltern und Bezugspersonen. Negative Glaubenssätze bestimmen die Einstellung zu einem externen Ereignis und blockieren die Handlungsfreiheiten. Positive Glaubenssätze dagegen stimulieren und verschaffen Zugang zu den eigenen Ressourcen, zu Fähigkeiten und Fertigkeiten und zur persönlichen Identität und Kraftquelle.

Die Tabelle illustriert in der linken Spalte Blockadenprogramm negative, in der rechten Spalte Erfolgsprogramm positive Glaubenssätze.

BLOCKADENPROGRAMM	ERFOLGSPROGRAMM
Ich gehöre zu den Erfolglosen und Unbegabten.	Ich gehöre zu den sehr kreativen Menschen.
Ich bin erfolglos/unbegabt.	Ich bin sehr kreativ.
Diese Arbeit ist mühsam und bringt mir nur Misserfolg.	Neues zu entwickeln ist immer ein Gewinn und macht auch Spaß.

Ich kann nicht richtig kochen.	Kochen macht mir Spaß und ich koche ganz gut.
Ich mache viele Fehler.	Ich arbeite gern mit kleinen Gruppen und Einzelpersonen.
Ich spreche schlecht vor Publikum	Ich spreche gut vor Publikum.
In diesem Raum / Bei diesem Krach kann ich nicht arbeiten.	Mir kommen am Abend / im Café gute Einfälle.
Um zwei Uhr mittags kann ich mich nicht konzentrieren.	Mit ruhiger fließender Musik kann ich mich am besten entspannen.

Wie können Sie diese negativen Glaubenssätze in den Griff bekommen?

Immer dann, wenn Sie das Gefühl haben, etwas aus persönlichen Gründen nicht zu schaffen, sollten Sie in sich hineinhören: Ist da eine innere Stimme? Was sagt mir die innere Stimme?

Notieren Sie solche negativen Aussagen am besten schriftlich. Damit wissen Sie beim nächsten ähnlichen Anlass, dass Ihr Unterbewusstsein mitregiert. Sie sind dann dafür besser gewappnet.

Besonders möchten wir Ihnen in diesem Zusammenhang die Übung „Das negative Tonband kontrollieren" ans Herz legen in Kapitel 4.3.1. Die Übung hilft Ihnen, interne Programme über Sinneswahrnehmungen, in diesem Fall sogar über vorgestellte Sinneswahrnehmungen, zu verändern. Sie werden nach dieser Übung feststellen, dass die meckernde innere Stimme an Einfluss auf Sie verloren hat.

Unser Kopfbewusstsein ist ein Schauspieler, der vergessen hat, dass er eine Rolle spielt.

C.G. Jung

Weiter möchten wir Sie mit der folgenden Übung ermuntern, nochmals Ihre Glaubenssätze zu überprüfen: Notieren Sie sich in die folgende Tabelle Ihre vorhandenen Glaubenssätze und überlegen Sie, ob und wie sich diese Glaubenssätze auf Ihren Erfolg ausgewirkt haben. Wenn Sie feststellen, dass ein Glaubenssatz Ihren Erfolg negativ beeinflusst hat, formulieren Sie einen neuen Glaubenssatz, der Ihren Erfolg positiv beeinflussen könnte.

WIE WIR ANFORDERUNGEN ERLEBEN

ÜBUNG:
GLAUBENSSÄTZE ÜBERPRÜFEN UND NEU FORMULIEREN

Bezogen auf ...	Welche Glaubenssätze habe ich über ...	Wie haben sie sich auf meinen Erfolg ausgewirkt?	Welchen Glaubenssatz wähle ich jetzt?
die Arbeit			
Beziehungen			
andere Menschen			
mich selbst			
das Leben			
Erfolg			

Die Hummel wiegt 4,8 Gramm. Sie hat eine Flügelfläche von 1,45 cm² bei einem Flächenwinkel von 6 Grad. Nach den Gesetzen der Aerodynamik kann sie nicht fliegen. Aber die Hummel weiß das nicht.

4.3 Potenziale und Ressourcen aktivieren

Eine Theorie der Psychologie besagt, dass alle erwünschten Potenziale und emotionalen Ressourcen bei jedem Menschen von Natur aus angelegt sind. Oft ist der Zugang zu diesen Potenzialen jedoch verschüttet, verborgen oder verloren gegangen.

Den Kontakt zu unseren inneren Quellen und zu Potenzialen können wir pflegen und trainieren. Das Gehirn braucht Reize, um alte Strukturen stillzulegen, zu transformieren oder zu hemmen. So können neue synaptische Wege entstehen und ausgebaut werden. Durch Übungen ist es möglich, Denkmuster und negative Einstellungen zu verändern. Dieses Phänomen der neuronalen Plastizität ist ein Paradigmenwechsel in der

Hirnforschung, da sehr lange gedacht wurde, dass sich Gehirnstrukturen in frühester Kindheit etablieren und dann irreversibel festgelegt sind.

Der Umgang mit inneren Bildern ist für unser Verhalten und unser Erleben ausschlaggebend. Persönliche Einstellungen haben einen großen Einfluss darauf, wie wir die Bedrohlichkeit einer Situation und unsere Fähigkeit, die Situation zu bewältigen, bewerten. Auf den nächsten Seiten möchten wir Ihnen nun einige Strategien und Techniken vorstellen, wie Sie Ihre ==Wahrnehmung sensibilisieren==, Ihre ==inneren Bilder verändern== und so ==Stärke gewinnen== können.

4.3.1 Blockaden beseitigen

Manchmal stehen die emotionalen Ressourcen und Reserven nicht zur Verfügung, weil sie nicht frei fließen können. Sie sind blockiert und haben sich einen unzugänglichen Weg im Unterbewusstsein gebahnt. Das Erkennen einer Blockade kann immer nur ein erster Schritt sein. Ihre Auflösung ist eine Aufgabe, die mehrere Arbeitsschritte benötigt. Manchmal begleiten uns Probleme sogar ein ganzes Leben lang. Aber lassen Sie sich davon nicht unterkriegen. Sehen Sie die Arbeit an den Blockaden nicht als mühselige Aufgabe, sondern als Herausforderung. Der Weg ist das Ziel. Sie können die Welt nicht verändern, sondern nur Ihre Einstellung dazu.

Das negative Tonband kontrollieren
1. Wenn Ihnen eine innere Stimme sagt, dass Sie alles falsch machen, dass Sie etwas nicht in den Griff bekommen oder Ähnliches, dann achten Sie als Erstes auf diese innere Stimme. Was sagt Ihnen dieses Tonband mit Endlosschleife? Hören Sie genau zu. Lassen Sie Ihre Stimme lauter werden, als würden Sie am Gerät den Lautstärkeregler aufdrehen. Genießen Sie diesen Einfluss auf Ihre Stimme.
2. Strecken Sie nun – in Ihrer Vorstellung – Ihre Hand aus und drehen Sie an dem imaginären Lautstärkeregler das Geräusch Ihres inneren Tonbandes leiser, bis Sie merken, dass die Stimme leiser wird.
3. Verringern Sie das Geräusch immer weiter und versuchen Sie jetzt ein entferntes Rauschen des Meeres zu hören, das Sie über einen zweiten Regler beimischen können.
4. Dieses entfernte Meeresrauschen kann beruhigend sein. Vielleicht können Sie jetzt noch als weitere Tonspur ein entferntes Vogelgezwitscher oder eine aufmunternde ruhige Musik beimischen?

WIE WIR ANFORDERUNGEN ERLEBEN

Sie werden nach dieser Übung feststellen, dass die innere Stimme an Einfluss auf Sie verloren hat.

4.3.2 Kraft und Energie tanken durch das Abrufen positiver Erlebnisse

Im Laufe unseres Lebens erleben wir glückliche Momente, lösen anspruchsvolle Aufgaben mit Bravour, bewältigen eine schwierige Lebensphase oder fühlen uns stark und selbstbewusst. Angefangen mit der Kindheit und Jugend sammeln wir im Laufe der Jahre eine Fülle solcher „starken Momente". Beispiele dafür sind bestandene Prüfungen, das Überwinden einer Trennung oder der erfolgreiche Umgang mit einem Jobwechsel.

Manchmal erinnern wir uns daran und erkennen vielleicht den Wert der eigenen Vergangenheit. Diese Kraft, Weite und Energie können wir uns für Stresssituationen zunutze machen.

Mithilfe der Übung „Ressourcen ankern" können persönliche Erfolgsmomente in einer schwierigen Situation erinnert werden, um sich zu stärken und sich in einen guten Zustand zu bringen. Diese Momente des Erfolgs werden in unserem Gehirn abgespeichert. Durch ihr erneutes Erleben werden Ressourcen erinnert und reaktiviert. Diese Übung unterstützt ein positives Selbstbild und wirkt motivierend.

Wichtig ist dabei die Technik des Ankerns: Anker sind Konditionierungen, die sich durch intensive Erfahrungen oder Wiederholungen bilden. Bestimmte Erinnerungen werden dabei mit Sinneswahrnehmungen verbunden.

Die Technik des Ankerns ist beispielsweise eine wichtige Strategie der Werbung. Produkte werden mit wünschenswerten Eigenschaften verbunden. Zum Beispiel Marlboro und Freiheit. Diese Koppelungen stehen nicht unbedingt in einem logischen Zusammenhang. Ankern bietet also die Möglichkeit, starke Gefühle und Assoziation in einer neuen Situation wieder abzurufen.

Beim Abrufen positiver Erlebnisse arbeiten wir mit bestimmten Bewegungen, die mit Gefühlen verankert sind. Unsere äußeren Bewegungen sind immer mit unserem inneren Erleben verknüpft. So wie wir mit bestimmten Gesten bei anderen gewisse Reaktionen hervorrufen können, funktioniert das auch bei uns selbst. Die verankerte Bewegung ruft die Erinnerung an eine Lebenssituation hervor.

Überlegen Sie sich drei Situationen, in denen Sie rundum glücklich waren. Versuchen Sie sich möglichst genau in diese Situation hineinzuversetzen. Vergegenwärtigen Sie die Situation mit allen Sinnen: Wo sind Sie? Was sehen Sie? Was hören Sie? Was riechen und schmecken Sie? Was fühlen Sie? Welche Körperhaltung haben Sie eingenommen? Wählen Sie den schönsten Moment aus und genießen Sie ihn. Geben Sie diesem Zustand nun ein Kennwort und merken Sie sich die Bewegungen, die Sie damit verbinden.

Wenn Sie wieder einmal vor einer vergleichbaren Situation stehen, die bei Ihnen Stress auslöst, erinnern Sie sich an Ihre positivsten Erlebnisse. Denken Sie an Ihren Anker. Welche Bewegungen, Gerüche, Geräusche, Gefühle und Bilder verbinden Sie mit dieser Situation? Fühlen Sie sich gedanklich ein.

Legen Sie sich ein geistiges Fotoalbum mit Momentaufnahmen Ihres Erfolges an und blättern Sie darin so oft wie möglich. Sie werden sehen, diese Übung hilft Ihnen sich auf Ihre Stärken zu fokussieren.

„Ob du glaubst, du schaffst es, oder ob du glaubst, du schaffst es nicht: du hast in jedem Fall recht."

Henry Ford

Übung: Ressourcen ankern

Versuchen Sie sich an eine Ressource-Situation zu erinnern und sie mental nochmals zu durchleben. Das kann eine Situation sein, in der Sie sich sehr glücklich und voller Kraft gefühlt haben. Beobachten Sie, wie sich dieser Zustand in Ihrer Körpersprache zeigt. Dann wenden Sie die schon erklärte Technik des Ankerns an. Ankern Sie, wenn der Zustand besonders intensiv ist. Sie können entweder durch eine Berührung einer Körperstelle, durch eine bestimmte Bewegung oder ein Wort den Anker setzen. Sie haben Ihre Gefühle in der Situation nun mit dem Wort oder der Bewegung verkoppelt.

WIE WIR ANFORDERUNGEN ERLEBEN

> Denken Sie dann an weitere Ressource-Situationen, die Sie ankern. So „stapeln" Sie mehrere Ressource-Situationen übereinander. Beschäftigen Sie sich nun für eine Weile mit anderen Dingen und denken nicht mehr an ihre Ressource-Situationen. Nach einer Weile testen Sie den Anker. Führen Sie Ihre Bewegung aus oder sagen Sie Ihr Wort und versuchen Sie sich in den gewünschten Zustand hineinzuversetzen. Nun zeigt sich, ob sich durch den Anker die gewünschte Situation einstellt. Wenn nicht, probieren Sie eine andere stärkere Situation aus. Zur Ankerverstärkung sollten Sie mindestens eine Woche lang einen Anker 1–2 Mal täglich auslösen. Nach einer Woche visualisieren Sie eine schwierige Situation, aktivieren Sie dann Ihren Anker und testen Sie seine Wirkung.

4.3.3 Affirmationen und Bestärkungssätze

Unter Affirmationen werden positive, bestätigende Vorsätze verstanden. Hier sollen aber nicht nur die positiven, sondern alle unseren, meist unbewussten Überzeugungen zu den Affirmationen gezählt werden. Wie schon erläutert entstehen diese Affirmationen oder Glaubenssätze meist sehr früh im Leben und werden uns zwischenzeitlich so selbstverständlich, dass sie unbewusst bleiben.

Durch häufiges Vorsagen prägen Sie sich Kraftsätze ein. Sie wecken Gedanken und Gefühle, die Ihr Unterbewusstsein beeinflussen. So wird ein Bewusstseinszustand erreicht, der Ihr Handeln bestimmt.

Vieles hat immer zwei Seiten. So gibt es Bestärkungssätze, die gut für Sie sind, und Bestärkungssätze, von denen Sie sich trennen sollten. Ziel sollte sein, negative Affirmationen zu erkennen und durch positive Kraftsätze auszutauschen.

Wir arbeiten ununterbrochen mit Affirmationen, allerdings meist, ohne uns bewusst darüber zu sein. Eine negative Affirmation könnte zum Beispiel sein: „*Ich kann nichts richtig machen!*" Wenn Sie nun für sich einen ganz persönlichen Bestärkungssatz wie zum Beispiel „*Ich schaffe das schon!*" kreieren, wird Ihr Unterbewusstsein entsprechend beeinflusst. Der Glaube an sich selbst wird entsprechend positiv beeinflusst.

Arbeit mit Affirmationen

Bestärkungssätze sollten positiv und im Präsens formuliert sein. (Sie finden später entsprechende Beispiele.) Affirmationen können als Text oder als Bild wirken. Für die tägliche Arbeit mit neuen Affirmationen ist es gut, ein Ritual zu schaffen, das Sie dann automatisch in Ihren Affirmationsmodus versetzt. So können Sie sich zum Beispiel einen festen Ort, eine feste Zeit oder einen bestimmten Auslöser (z.B. einen Spaziergang, den Weg zur Arbeit, die Zeit vor dem Einschlafen) vornehmen.

Konzentrieren Sie sich bewusst auf Ihre Affirmation – je bewusster Sie damit arbeiten, desto besser wirkt sie. Konzentrieren Sie sich vollkommen darauf und denken oder sprechen Sie sie jedes Mal so, als würden Sie sie zum ersten Mal hören. Formulieren Sie maximal drei Bestärkungssätze, sprechen Sie sich diese laut oder gedanklich immer wieder vor, konzentrieren Sie sich täglich mindestens 10 Minuten darauf.

Versuchen Sie auch außerhalb dieser Übungszeit zwischendurch so oft wie möglich an die Affirmationen zu denken. So aktivieren und stärken Sie das neuronale Netz, das mit jedem Mal stabiler und aktiver wird. Wenn Sie mindestens 21 Tage mit Ihrer Affirmation arbeiten, haben Sie gute Chancen, Ihr Unterbewusstsein zu erreichen. Wissenschaftler haben festgestellt, dass es erfahrungsgemäß 21 Tage dauert, bis etwas Neues zu einer Gewohnheit wird.

Affirmationen bewirken langfristig, dass neue neuronale Verknüpfungen gebildet werden – damit also Alternativen zum bisherigen Fühlen, Denken und Sein entstehen, die durch häufiges Aktivieren immer stabiler und stärker verschaltet werden. So lange, bis sie unbewusst genauso selbstverständlich werden wie die alten negativen Programme und Glaubenssätze. So können Sie sich für ihre eigenen, positiven Programme entscheiden und bewusst wählen, was Sie nun angehen möchten.

Beispiele für Affirmationen im Umgang mit Zeitstress finden Sie in der Übersicht auf der folgenden Seite.

Gedanken umlenken

Zum Überwinden von Alltagsängsten, Hindernissen und Begrenzungen eignen sich Mentaltechniken. Es gibt verschiedene mentale Techniken. Wir stellen Ihnen einige vor – schauen Sie sich dazu die Übungen auf den folgenden Seiten an.

WIE WIR ANFORDERUNGEN ERLEBEN

Beispiele für Affirmationen im Umgang mit Zeitstress

Thema: Innere kritische Stimme	■ Ich löse mich von Konkurrenzdenken und dem Vergleichen mit anderen. ■ Ich mache meine Sache sehr gut.
Thema: Perfektionismus	■ Ich kann mich entspannen und loslassen. ■ Es ist in Ordnung, wenn ich nicht überall der Beste bin. ■ Ich darf Dinge einfach ausprobieren, ohne sie sofort perfekt beherrschen zu müssen. ■ Ich kann Dinge auch mit Freude und Leichtigkeit tun.
Thema: Aufschieben/ Verzögern	■ Ich erkenne den Wert eines guten Zeitmanagements. ■ Ich habe für jede Aufgabe, die ich heute erledigen muss, genügend Zeit. ■ Ich lasse alle Störungen in meinem System los.
Thema: Angst vor Veränderungen	■ Veränderungen sind oft Verbesserungen. ■ Ich kann mich verändern und trotzdem ich selbst bleiben. ■ Ich lasse jetzt meine vergangenen Belastungen los, die mich an Veränderungen hindern. ■ Ich lasse jetzt alles Aufschieben und Verzögern los und öffne mich für Veränderung.

ÜBUNGEN ZU MENTALTECHNIKEN

Atemtechnik

Setzen Sie sich bequem hin und schließen Sie die Augen. Richten Sie nun Ihre ganze Aufmerksamkeit auf Ihren Atem. Atmen Sie ruhig und gleichmäßig. Greifen Sie nicht in Ihre Atmung ein, sondern lassen Sie ganz natürlich Ihren Atem ein- und ausströmen. Ein und aus. Nun stellen Sie sich vor, wie Sie mit jedem Ausatmen immer ruhiger und gelassener werden. Sagen Sie sich immer, wenn Sie ausatmen, z.B. das Wort „Ruhe" oder „Entspannung". Stellen Sie sich vor, wie Sie Ihre Anspannung, Ihren Stress und Ihre Unruhe einfach ausatmen. Und so werden Sie immer tiefer in die Entspannung gehen können.

Zähltechnik
Sie setzen sich bequem hin. Sie schließen die Augen und konzentrieren sich wieder auf Ihren Atem, der ruhig fließt. Beginnen Sie nun langsam mit jedem Ausatmen rückwärts zu zählen. Beginnen Sie mit 10. Und zählen Sie mit jedem Ausatmen eine Zahl im Geiste rückwärts, bis Sie bei der Null angekommen und völlig entspannt sind. Wenn Sie etwas Übung haben, können Sie auch bei fünf beginnen und später sogar bei drei.

Sich entspannende Situationen vorstellen
Eine sehr schöne Methode, sich mental zu entspannen, besteht darin, dass Sie ganz bewusst tagträumen. Setzen Sie sich bequem hin, schließen Sie die Augen und atmen Sie ruhig. Nun stellen Sie sich vor Ihrem geistigen Auge einen wunderschönen Ort vor. Das kann ein Strand sein, eine Bergwiese oder ein kuscheliges Bett in einem Raum, in dem Sie sich wohlfühlen. Sie können sich einen realen Ort vorstellen, an dem Sie selbst schon einmal waren und mit dem Sie etwas Positives verbinden. Oder Sie erträumen sich einen Ort, an dem Sie gerade gerne wären.
Versuchen Sie, sich richtig in dieses Bild hineinzubegeben. Was sehen Sie? Was hören Sie dort? Was spüren Sie? Tun Sie an diesem Ort alles, was Ihnen guttut – legen Sie sich z.B. in den warmen Sand, laufen Sie barfuß über die Wiese oder kuscheln Sie sich gemütlich in eine Hängematte – es ist Ihr Ort und Ihr Tagtraum.
Genießen Sie diesen kleinen Kurzurlaub – Sie können jederzeit wieder zurückkehren.

Ein kleiner Trick
Wenn es Ihnen sehr schwerfällt, sich auf eine der beschriebenen Arten zu entspannen, dann versuchen Sie doch einmal folgenden Trick: Schließen Sie die Augen und blicken Sie mit geschlossenen Augen durch Ihre Schädeldecke an die Zimmerdecke. Dadurch, dass Sie mit Ihren Augen auf diese Art nach oben schauen, werden automatisch Alphawellen aktiviert, was es Ihnen erleichtert, sich zu entspannen.

WIE WIR ANFORDERUNGEN ERLEBEN

Wie Sie aus Ihrem Entspannungszustand zurückkommen
Sie brauchen keine Angst zu haben, dass Sie sich zu sehr entspannen könnten. Im Normalfall bleiben Sie bei der mentalen Entspannung geistig immer noch wach. Sie werden Geräusche von außen wahrnehmen (was Sie, solange Sie ungeübt sind, vielleicht sogar stören wird) und Sie können sich selbst jederzeit zurückholen. Zählen Sie von 1 bis 3, räkeln und strecken Sie sich ausgiebig und öffnen Sie die Augen. Sie werden sich erfrischt und munter fühlen.
Manchmal kann es passieren, dass Sie einschlafen. Sie fallen aber nicht sofort in einen Tiefschlaf, sondern Sie werden sehr schnell aus dem Schlaf erwachen. In der Regel sind wir nach einer Phase der mentalen Entspannung frisch, munter und leistungsfähiger.

Kurzurlaub für Geist und Seele
Nehmen Sie sich 15 bis 20 Minuten ungestörte Zeit. Machen Sie es sich bequem, indem Sie sich setzen oder hinlegen, und schließen Sie die Augen.
Nun stellen Sie sich einen für Sie idealen Ort der Ruhe und Entspannung vor. Dies könnte ein wunderschöner einsamer Strand sein, eine Landschaft, ein Garten oder auch ein Zimmer. Lassen Sie diesen Ort in Ihrer Fantasie entstehen.
Scheint gerade die Sonne? Worauf liegen oder sitzen Sie? Welche Geräusche hören Sie? Was riechen Sie? Was fühlen Sie? Malen Sie sich den Ort der Ruhe in allen Details aus, so dass Sie sich geborgen und wohl darin fühlen.
Bleiben Sie eine Weile in dem Raum: Sehen Sie sich, wie Sie gerade am Strand spazieren oder entspannt im Garten sitzen.
Wenn Sie etwas stört, dann streichen Sie den Störfaktor aus Ihrer Vorstellung.

Beenden Sie nun die Übung, indem Sie sich räkeln, strecken und Ihre Augen öffnen. Bleiben Sie noch ein paar Minuten in Ihrer Liege- oder Sitzposition, bis Sie anfangen, etwas anderes zu tun.

4.3.4 Kraftvoll in den Tag starten – Das Morgenritual

Um optimal in den Tag zu kommen, können Sie ein Morgenritual durchführen, das positiv und energiespendend wirkt.

Wir alle haben morgens nach dem Aufstehen einen bestimmten Ablauf, wie wir in den Tag starten. Meist beschränken wir uns auf die allernötigsten Handgriffe. Viele von Ihnen werden das folgende Szenario bestens aus eigener Erfahrung kennen. Sie sind zu spät aufgestanden, das Frühstück muss ausfallen. Sie hetzen durch die Wohnung, packen schnell Ihre Siebensachen zusammen, werfen sie in die Tasche, nebenher putzen Sie Ihre Zähne. Auf der Arbeit stehen heute wichtige Termine an. Sie sind gereizt, gestresst und nervös. Wenn es dumm läuft, geraten Sie auf dem Weg zur Arbeit auch noch in einen Stau oder die S-Bahn kommt zu spät.

So haben Sie schon jede Menge Ärger und Verdruss, bevor der Tag überhaupt begonnen hat. Stattdessen sollten Sie die Kraft des Aufstehens nutzen und gestärkt durch Ihr Morgenritual gelassen und voller Energie den Tag angehen.

Was Sie meiden sollten
Vermeiden Sie alles, was Stress verursacht. Zum Teil hat das mit Ihrer Organisation am Vorabend zu tun. So ist es besser, sich am Vorabend alles bereitzulegen, was am nächsten Morgen benötigt wird. Stressverursachend können zum Beispiel sein: zu spätes Aufstehen, schnell noch E-Mails lesen, Sachen zusammensuchen, noch schnell Kleider bügeln.

Wie sieht Ihr Tagesstart aus?
Für ein Morgenritual eignet sich alles, was Ihnen Spaß macht und Sie entspannt in den Tag starten lässt. Ihr Morgenritual sollte Ihnen Kraft und Energie geben und Sie sollten es als festen Bestandteil in Ihr Leben integrieren. Wichtig ist, dass es zu Ihnen passt. Machen Sie sich eine To-do-Liste mit Tätigkeiten, die Sie sich ausgesucht haben, und probieren Sie sie mindestens zwei Wochen lang aus. Halten Sie diese Zeitspanne durch. Schauen Sie sich dann die Liste an, und wählen Sie aus, was Ihnen weitergeholfen hat und was Sie von der Liste streichen können.

Ein Morgenritual ist nichts Statisches. Wir verändern uns ständig und so sollten Sie sich die Frage, was Ihnen guttut, immer wieder von Neuem stellen. Passen Sie Ihr Morgenritual Ihren Bedürfnissen an!

5 INNERE UND ÄUSSERE BALANCE – EIN LERNZIEL FÜRS LEBEN

Mit dem Thema Balance verlassen wir den Bereich einzelner Techniken und wenden uns der Frage zu, wie wir dem Thema Stress bzw. Zeitstress ganzheitlicher begegnen können. Damit fallen die Methoden, die wir in diesem Kapitel behandeln, in die Rubrik der längerfristigen Maßnahmen. Es geht dabei um Balance und um stressregulierende Denkmethoden.

5.1 Bilder und Metaphern eines in sich ruhenden Selbst

Versuchen wir zunächst ein Bild davon zu gewinnen, was Balance ausmacht.

> Ein gutes Beispiel stellt die Metapher des Seiltänzers dar. Wohlgemerkt nicht Seil„steher"! Die Balance gelingt, weil der Teiltänzer in ständiger Bewegung ist. Er gleicht ständig ein leichtes Kippen auf die eine Seite durch eine Bewegung des Balanciergewichts zur anderen aus. In extremer Stresssituation hält er sich aufrecht und setzt seinen Weg fort. Das gelingt durch das Zusammenspiel all seiner Fähigkeiten, die ihm nach intensivem Training zur Verfügung stehen.

Lassen wir die unabdingbare Körperbeherrschung einmal außer Acht, so sehen wir beim Seiltänzer eine **Kontrolle seiner Emotionen**, der Freude über die Bewältigung einer heiklen Situation wie der Angst vor dem Absturz. Er **blendet das Unwichtige aus**, beispielsweise das „Oooh!" seiner Zuschauer. Und er **setzt seinen Verstand ein**, auch wenn dieser in diesem Zusammenspiel eine bescheidene Rolle zu spielen scheint.

Stellen Sie sich den Seiltänzer als Bild des Menschen in einer Stresssituation vor: Auf der einen Seite zerren die besonderen Herausforderungen seiner Situation, die Stressauslöser, auf der anderen Seite korrigieren seine eigenen Kräfte. In einem wunderbaren Zusammenspiel helfen ihm seine Ressourcen und Fähigkeiten, das Gleichgewicht wiederzufinden.

All dies Fähigkeiten hat er durch langwieriges Training erworben und immer besser automatisch koordinieren gelernt. Damit wären wir doch wieder bei der Rolle des Verstandes: Sein Verstand ist es, der den Prozess des Trainings mit Vorbereitung und Ausführung organisiert und strukturiert!

Lassen Sie uns dem weitere Bilder hinzufügen, damit Sie eine lebendige Vorstellung von Balance erhalten. Je besser Sie sich Balance vorstellen und die Resonanz *Ihrer* Fähigkeiten empfinden können, desto leichter wird es Ihnen fallen, in Stresssituationen diese Fähigkeiten zu nutzen.

Es sind dies drei Metaphern, die einem der beiden Autoren im Laufe vieler Jahre als Leitbilder in den unterschiedlichsten schwierigen Situationen gedient haben. Aus den Grenzen und Schwächen der ersten Metapher entwickelte sich nach Jahren die zweite, und wieder Jahre später die dritte. Durch die Orientierungskraft dieser Metaphern haben sie ihn enorm bereichert, indem sie bei wichtigen Entscheidungen eine tiefere Dimension der Wahrnehmung, der Ruhe und Ausgeglichenheit anboten.

Das erste Bild ist das eines ==Stehaufmännchens==. Immer wenn es umgehauen wird, stellt sich das Stehaufmännchen automatisch wieder auf. Warum? Ein Stehaufmännchen hat sein Schwergewicht unten, es ist sozusagen bodenständig. Und genau in der Mitte: Es ist in sich zentriert. Doch das Stehaufmännchen als Metapher für die Lebensführung hat einen entscheidenden Nachteil: Es kommt von alleine nicht vom Fleck.

Später entwickelte sich ganz von alleine ein zweites Bild: das ==Floß== inmitten der Stürme des Lebens. Das Floß treibt mit mir auf großem Gewässer. Es bleibt an der Oberfläche, aufgrund seiner flachen Form ist es vor dem Kippen gut geschützt. Im Gegensatz zum Stehaufmännchen ist es beweglich, flexibel und passt sich den Strömungen an. Viel später wurde auch ein Nachteil dieser Metapher erkennbar: Ein Floß wird zu sehr getrieben, denn es ist nur schlecht zu steuern. Die nachträgliche Ausstattung des Floßbildes mit einem Segel half auch nicht wirklich.

So entstand ein drittes Bild: das eines ==Segelbootes== mit einem tiefen Kiel. Wie beim Stehaufmännchen schützt der tief liegende Schwerpunkt bzw. eine physikalische Gegenkraft im Kiel vor dem Kentern. Ein Boot ist beweglich und anpassungsfähig, doch Segel und Steuer machen es lenkbar. Mehr als den Seiltänzer, der sich auf seinem Seil nur vorwärts und rückwärts bewegen kann.

==Fassen wir zusammen:== Balance ist Anpassung an wechselhafte (Lebens-)Umstände. Merkmale sind: Bewegung, intuitives Zusammenspiel aller Fähigkeiten, erworben durch Training, automatische Regulation, ein Oben-Bleiben in jeder Situation (Souveränität), bewusste Lenkbarkeit.

INNERE UND ÄUSSERE BALANCE – LERNZIEL FÜRS LEBEN

Es erscheint wie ein Gegensatz: Erst eine tiefes inneres Zentrum sorgt dafür, einzelne Stresssituationen wie die großen Stürme an der Oberfläche des Lebens bewältigen zu können.

Unsere Empfehlung: Arbeiten Sie am „Kiel Ihres Bootes". Bauen Sie Schritt für Schritt Ihre Ressourcen auf. Lernen Sie Ihre vorhandenen Ressourcen besser kennen und nutzen. Trainieren Sie, diese bewusst abzurufen, wenn Sie sie brauchen. Mit der Zeit werden Sie feststellen, dass sich Ihre Ressourcen immer häufiger ganz von alleine melden, um Ihnen ihre Dienste anzubieten.

5.2 Balance zwischen den Extremen

Bei Beobachtungen in der Natur oder beim Betrachten eines großen Kunstwerks staunen wir Erwachsene über das Einzigartige. Im Alltag dagegen ist unsere westliche Kultur durch ein Schwarz-Weiß-Denken geprägt, durch ein duales Denken. Wir unterscheiden zwischen wahr und falsch, schön oder hässlich, gut oder schlecht. Dieses Denkmuster ist für die Lösung der komplexen Probleme des modernen Lebens, die sich in der Wahrnehmung von Stress in unserem Innenleben abbilden, zu einfach gestrickt. Und es ist zu grobmaschig, um das wirklich Schöne zu erkennen und zu würdigen.

Bei Stress und Unsicherheit ein inneres Gleichgewicht entwickeln, Gelassenheit und Kontrolle finden.

Abbildung 15: Achtsamkeit (Bildidee nach www.mbsr.at)

Lebenserfahrene Menschen kommen deshalb häufig zum Schluss: „Die Wahrheit liegt in der Mitte." Doch auch diese scheinbare Weisheit zielt knapp daneben. Die Wahrheit ist nicht grau, als Mischung aus Schwarz und Weiß. Die Wahrheit, so es sie gibt, ist bunt. Und sie berücksichtigt das Wahre, Wichtige und Gute sowohl am einen wie am anderen. Die Wahrheit ist ein labiles Gleichgewicht. Sie ist Balance.

Die Verunsicherung darüber, das Vielschichtige, Bunte, Veränderliche nie genau erfassen und beschreiben zu können, ist das, was uns immer wieder nach sehr einfachen „Wahrheiten" suchen lässt. Wir würden gerne klar A oder B sagen können. Die folgenden Abschnitte sollen Ihnen Wege und Methoden aufzeigen, das Sowohl-als-auch zu erlernen, zu begrüßen und dabei die Unsicherheit Schritt für Schritt zu vergessen.

5.2.1 Achtsamkeit – Denk-Fühlen im Augenblick

Einen anderen Menschen zu führen oder anzuleiten, mag schwierig sein. Wir müssen dabei genau beobachten, das Beobachtete verstehen, die Handlungsmöglichkeiten ausloten und bewerten und dann in Anweisungen für den anderen umsetzen. Sich selbst zu führen ist noch wesentlich schwieriger: Schließlich sind wir dabei beides: Beobachter und Beobachteter, Führer und Geführter zugleich. Diese Selbstwahrnehmung dieser Konstellation wollen wir Achtsamkeit nennen.

> So schwer vielen Achtsamkeit auch fallen mag, es ist die entscheidende Fähigkeit, um aus dem Zeitstress herauszukommen.

Eine Fähigkeit, die aus dem Zeitstrudel herausführt, der oft so unangenehm erlebt wird, der uns zum Getriebenen und Fremdgesteuerten macht, unsere Handlungsmöglichkeiten massiv einengt und uns häufig zu falschen Entscheidungen verleitet.

Diese Achtsamkeit hat wohl auch Laotse vor zweieinhalbtausend Jahren gemeint, als er formulierte:

Wenn du es eilig hast, dann gehe langsam.

Laotse

INNERE UND ÄUSSERE BALANCE – LERNZIEL FÜRS LEBEN

Dabei müssen wir uns nicht unbedingt auf Laotse oder weitere Quellen fernöstlicher Weisheiten berufen – sie in allen Ehren mit ihren für uns ungewöhnlichen Einsichten in die Zusammenhänge des Daseins. Zahlreiche namhafte westliche Autoren der letzten Jahre, die grundlegende Arbeiten in unterschiedlichen Fachgebieten verfasst haben – Entwicklungspsychologie, Hirnforschung, Zeitmanagement, Kreativität oder Organisationslehre –, sind sich in diesem Punkt einig: Alle fordern sie Achtsamkeit. Achtsamkeit für das, was in uns selbst geschieht.

Diese Fachleute verwenden zwar unterschiedliche Begriffe – Aufmerksamkeit, Achtsamkeit, innere Wahrnehmung, Wachsamkeit, die innere Stimme, das innere Team, Präsenz im Augenblick usw. –, aber sie beschreiben alle die Vorgänge oder die Bedeutung der inneren Wahrnehmung und eines Denk-Fühlens im Augenblick. Denken und Fühlen sind in unserem Gehirn eng miteinander verknüpft. Denk-Fühlen ist Ausgangspunkt für unser künftiges Handeln wie als Wendepunkt einer möglichen Neuinterpretation unserer Vergangenheit.

5.2.2 Achtsamkeit gegenüber der Umwelt

Unsere erste Frage (von drei Fragen, die wir in den nächsten Abschnitten stellen und beantworten wollen) richtet sich nach außen, auf unsere Mitmenschen und auf unsere Umwelt:
Wie kann ich wachsamer dafür werden, was um mich herum gerade vorgeht?
Dazu müssen wir uns klar machen, dass auch die Wahrnehmung der Dinge und Geschehnisse unserer Umwelt ein innerer Prozess ist. Wir sehen nichts, wie es ist, sondern so, wie wir es uns durch die innere Verarbeitung unserer Wahrnehmung konstruieren!

Es ist das Zusammenspiel von Einflüssen der Vergangenheit, den Umständen des Jetzt und den Zukunftserwartungen, das unsere Aufmerksamkeit und Wahrnehmung ausmacht. Die Vergangenheit stellt uns gespeicherte Erfahrungen, erlernte Emotionen und Gewohnheiten zur Verfügung. Das Jetzt steuert die aktuellen Rahmenbedingungen bei. Die Zukunft schließlich beeinflusst unsere Wahrnehmung durch Wünsche, Interessen, Erwartungen und Ziele. Vieles andere, was in Augenblick vorhanden ist oder geschieht, wird weggefiltert, vernachlässigt und ausgeblendet.

Innere Wahrnehmung, Aufmerksamkeit, Achtsamkeit sind also Anforderungen an das Jetzt, den Augenblick, in dem in uns etwas geschieht.

Eine Reihe von menschlichen Eigenschaften und Fähigkeiten behindern diese Achtsamkeit auf das eigene Denk-Fühlen:

- Da sind unsere Erfahrungen, die Bezüge zur Vergangenheit. Häufig werden Erfahrungen automatisch auf unsere Zukunftserwartungen übertragen. Immer wenn wir glauben, etwas schon zu wissen, sind wir nicht mehr aufmerksam.
- Ähnlich verhält es sich mit Gewohnheiten und Routinen. Routinen sind sehr hilfreich, wenn wir Zeit und Aufwand sparen wollen. Doch gleichzeitig machen sie uns geistig träge. Wir tun die Dinge so, wie wir sie bisher immer getan haben. Wer immer dieselben Lösungen anwendet, wird sich nie verbessern in dem, was er tut.
- Wenn wir zu viele Dinge gleichzeitig erledigen, unangemessenes Multitasking betreiben, dann haben wir aus lauter Sorge darum, jeden Augenblick effizient zu nutzen, weder die Zeit noch die innere Ruhe, achtsam zu sein.
- Schließlich können unsere Zukunftserwartungen Achtsamkeit verhindern. Unsere Wünsche, Ziele und Pläne. Wir springen, wenn wir Ziele und Pläne schmieden, gedanklich mitten hinein in die Zukunft, zu einem Zeitpunkt oder in einem Zeitraum weit voraus. Wenn Wünsche entstehen, dann gleiten wir womöglich in einen zeitlosen Raum hinein. Dabei vergessen wir gerne nach links oder rechts zu sehen, also die Dinge wahrzunehmen, die jetzt im Augenblick geschehen und die möglicherweise diese Ziele und Pläne als unrealistisch entlarven.
- Der vielleicht wichtigste Hinderungsgrund, uns mit uns selbst zu beschäftigen, ist die Bereitschaft, sich ablenken zu lassen, jede flüchtige Ablenkung leichtfertig anzunehmen. Eine reizüberflutete Welt verführt ständig dazu, von einem flüchtigen Moment zum nächsten zu jagen. Vor uns selbst zu fliehen, anstatt uns die Zeit zu nehmen, „die Seele nachkommen zu lassen".

> Durchschnittlich denkt der Mensch 60.000 Gedanken pro Tag! Zusätzlich werden innere Bilder erinnert oder neu konstruiert. All diese Gedanken sind nicht „gefühlsfrei". Gedanken sind immer mit mehr oder weniger starken Emotionen verbunden.
> Weniger als 1 Prozent dieser Gedanken ist bewusst. Mehr als 99 Prozent ist unbewusst und erfolgt aus irgendwelchen gelernten Denkmustern heraus.

INNERE UND ÄUSSERE BALANCE – LERNZIEL FÜRS LEBEN

> Das Unterbewusstsein denkt, spricht und sendet ständig Bilder und Gefühle. Der innere Redefluss ist etwa viermal so schnell, als wenn wir laut sprechen. Obwohl oder gerade weil unbewusst, lenken die unterschwelligen Impulse unsere Wahrnehmung und unser Handeln.

5.2.3 Achtsamkeit gegenüber innerem Stress

Nun stellt sich eine **zweite Frage: Wie kann ich achtsam dafür werden, was in mir selbst vorgeht, wenn ich unter Stress leide?**

Achtsamkeit braucht zunächst den Willen, achtsam zu sein. Sie braucht unsere Neugier, das zu erkennen, was gerade ist. Sei es um uns herum, oder seien es die Gedanken und Gefühle, die uns im Moment beschäftigen:

- Was genau nehme ich in meiner Umwelt wahr?
- Welche Gefühle löst dies oder jenes in mir aus?
- Was sagt mir meine innere Stimme?
- Wie sagt mein Körper, wenn ich an dies oder jenes denke?

Dieser achtsame Umgang mit sich selbst erfordert Ruhe. Atmen Sie dazu einige Male tief in den Bauch ein. Sofort werden Sie etwas ruhiger sein.

Manchmal erfordert der bewusste Umgang mit sich selbst auch ein bisschen Mut, Unstimmigkeiten wahrzunehmen und negative Emotionen wie Enttäuschungen oder Angst zuzulassen. Manches mag vielleicht auch etwas langsamer gehen, wenn wir nicht nur an etwas arbeiten, sondern dabei auch genau beobachten und in uns hineinhören, was in uns arbeitet.

Doch der Gewinn für uns selbst kann enorm sein:

- Wenn wir genau hinsehen, was in einer bestimmten Situation geschieht, werden wir angemessener handeln können.
- Wenn wir Emotionen bewusst wahrnehmen, können wir sie bearbeiten und nutzen.
- Wenn wir die innere Stimme beachten, dann werden wir oft vor falschen und übereilten Schritten bewahrt.
- Wenn wir Unstimmigkeiten wahrnehmen, dann treibt uns das auf bessere Lösungen eines Problems zu.

Eine ganz besondere Unterstützung bietet unser Körper an: Stimmungen sind mit bestimmten Körperhaltungen verbunden. An anderen Personen nehmen wir das wahr als Körpersprache. Wir nehmen ganz unterschiedliche Körperhaltungen ein, je nachdem, ob wir über etwas Unangenehmes grübeln oder in angenehmen Erinnerungen schwelgen. Wer sich dessen bewusst ist, kann durch Wechsel in eine angenehme Körperhaltung oft ganz einfach aus einem unangenehmen Vorgang gedanklich aussteigen. Seit den Forschungsarbeiten von Antonio Damasio in den neunziger Jahren sind *somatische Marker* bekannt. Nicht nur das Gehirn, sondern auch der Rest des Körpers speichert Emotionen als Körperhaltungen oder Bewegungen, muskuläre und andere physiologische Muster ab.

5.2.4 Achtsamkeit als Grundeinstellung gegenüber dem Leben

Schließlich kommen wir zu einer dritten Frage: **Wie kann ich erlernen, mich selbst besser zu führen und zu fühlen?**

In zahlreichen Fachrichtungen der Psychologie taucht Achtsamkeit als wichtige Fähigkeit des Menschen auf: Achtsamkeit ist eine Haltung, die Gedanken, Erinnerungen oder sonstige Vorstellungen, Emotionen und andere Körperreaktionen genauso beachtet wie Sinneswahrnehmungen aus der Umwelt.

Achtsamkeit ist im Grunde eine Bewusstseinserweiterung. Unter Stressbedingungen ermöglicht sie mehr Kontrolle darüber, was in und mit uns passiert. Sie erinnern sich: Selbst die Kontrolle über das Geschehen zu besitzen, ist das wichtigste Merkmal, um eine Situation als Herausforderung zu bewerten, anstatt sie zu Stress verkommen zu lassen.

Czikszentmihalyi, der angetreten ist, um zu zeigen, „wie man Glück durch die Kontrolle über das eigenen Innenleben gewinnt", schreibt dazu: *„ Manche Menschen lernen, diese unbezahlbaren Ressourcen wirksam zu nutzen, andere verschwenden sie. Das Kennzeichen eines Menschen mit Kontrolle über sein Bewusstsein ist seine Fähigkeit, Aufmerksamkeit willentlich auf etwas zu richten, sich nicht ablenken zu lassen und sich so lange zu konzentrieren, bis eine Aufgabe erledigt ist, und nicht länger. Und jemand, der dies vermag, genießt gewöhnlich seinen normalen Tagesablauf."*

„Wenn du loslässt, hast du beide Hände frei."

Eine alte chinesische Weisheit

INNERE UND ÄUSSERE BALANCE – LERNZIEL FÜRS LEBEN

5.2.5 Achtsamkeit im Alltag: Pendeln

Wenn wir erlernen wollen, unser Aufmerksamkeit auf uns selbst zu lenken, können wir dies mit der Methode erreichen, die Prof. Dr. Fischer als Pendeln bezeichnet. Durch ein Pendeln können wir zwischen den verschiedenen Gedanken und Gefühlen hin und her wechseln, bis ein Zustand innerer Klarheit eintritt. Pendeln heißt also: gedanklich bei einem Thema bleiben, bis es endgültig geklärt ist. Das Gegenteil: gewohnheitsmäßig oder impulsiv aus Sorge oder Angst oder weil etwas Angenehmes dazu verführt, sofort von einer Wahrnehmung zur nächsten zu springen. Oder in einer stressigen Situation gleich in Aktivismus zu verfallen.

Dieses Pendeln muss geübt werden. Grund dafür sind Aufbau und Wirkungsweise unseres Arbeitsgedächtnisses. Aufgabe des Arbeitsgedächtnisses ist es, unsere Absichten zu ordnen. Es ist die Exekutive im Gehirn. Dieses Arbeitsgedächtnis besitzt zwei entscheidende Schwachpunkte: Es ist ziemlich klein und ganz schön flüchtig. Denken Sie dabei ruhig an den Arbeitsspeicher eines uralten PCs, auf dem Sie eine üppig ausgestattete moderne Software installieren wollen.

1. Das Arbeitsgedächtnis enthält die Informationen, die wir in *einem* Augenblick wahrnehmen. Wenn uns in einem Augenblick mehreres durch den Kopf geistert, dann ist dieser Speicher sehr schnell voll. Mehr geht nicht. Die Aufmerksamkeit springt zwischen den verschiedenen Gedanken hin und her. „*Der Kopf betreibt tückisches Multitasking*", schreibt der Biologe und Wissenschaftsjournalist Stefan Klein in seinem Erfolgstitel „Zeit. Der Stoff, aus dem das Leben ist".
2. Chronobiologisch dauert ein Augenblick drei Sekunden. Dann folgt der nächste Augenblick. Unter Umständen wird der ganze Speicherinhalt durch neue Inhalte ersetzt. Bei einem Thema zu bleiben, durch neue Sinneseindrücke und Impulse neue Absichten zu entwickeln, erfordert somit Konzentration.

Neben der Fähigkeit, sich auf das eine zu konzentrieren, sind es – laut Klein – die persönliche Stressbelastung und die Motivation, die darüber entscheiden, wie wirkungsvoll die absichtssteuernde Exekutivfunktion in unserem Gehirn arbeiten kann.

> Pendeln ist somit die Kunst, den Augenblick zu verlängern, ein Dehnen dieses Augenblicks des inneren Aufmerksamseins, bis unsere Gedanken und Gefühle im Reinen sind, bis Klarheit über die richtigen nächsten Schritte vorliegt.

Professor Fischer gibt dazu folgenden Tipp: „*Trainieren Sie sich darin, eine Situation sowohl unter positiven, optimistischen als auch unter negativen, pessimistischen Gesichtspunkten zu betrachten. Achten Sie darauf, wie sich die Situation dabei jedes Mal qualitativ verändert.*

Pendeln Sie zwischen den Aspekten innerlich so lange hin und her, bis die Motivation, zu handeln und die Situation zu gestalten, in Ihnen ansteigt. Spielen Sie dann, bevor Sie handeln, die ‚optimistische Version' und die ‚pessimistische Version' noch einmal in Gedanken durch und planen Sie sorgfältig Ihre Handlung. Mit diesem Vorgehen werden Sie auch allen Grund zu einem von der Realität bestätigten Optimismus haben."

Wenn Sie das ein paar Mal beherzigt haben, werden Sie bemerken, dass sich stressige Abläufe entspannen und ganz anders verlaufen als befürchtet. Sie gewinnen Vertrauen zu diesem Prozess. Mit der Zeit werden Sie dies als Entspannung Ihrer Gedanken und Ihres Körpers wahrnehmen können.

„*Erkenne dich selbst*"
                                          Dies stand über dem Eingang des Orakels von Delphi.

5.3 Weitere stressregulierende Denkmethoden

In der Metapher des Seiltänzers wurde die Rolle des Verstandes angesprochen. Wenn es darum geht, in einer verunsichernden Situation das Sowohl-als-auch als hilfreich zu erkennen, können eine Reihe weiterer Denkmodelle und -techniken unmittelbar helfen. Diese lassen sich, je nach Bedarf, sehr gut mit dem zentralen Ansatz der Achtsamkeit und der Technik des Pendelns kombinieren.

Mit einer recht spielerisch wirkenden Vorgehensweise wollen wir beginnen.

INNERE UND ÄUSSERE BALANCE – LERNZIEL FÜRS LEBEN

5.3.1 Unstrukturierte Probleme durch Puzzeln lösen

Viele Aufgaben im Leben erscheinen im ersten Moment wie ein unübersichtlicher Haufen offener Fragen und lösen Stress aus: *„So viele Gedanken, Zwänge, Abhängigkeiten und Ungewissheiten! Dies ist zu tun und das auch. Weder so noch so kann ich mich entscheiden. Nichts passt zusammen."* Eine Stresssituation wird als inneres Durcheinander empfunden.

Ähnlich ist die Ausgangslage bei einem Puzzlespiel. Mit dem Unterschied, dass es im wirklichen Leben nicht genau *eine* richtige Lösung gibt. Auch zu Beginn des Puzzelns ist alles offen und unbekannt. Suchen Sie dann nach den Puzzlesteinen, von denen Sie mit Gewissheit sagen können, wo Sie liegen müssen. Im Alltag bedeutet das, die Fakten und Gewissheiten einer bestimmten Situation zu erfassen und festzuhalten.

Abbildung 16: Das anfängliche Chaos eines Puzzles

Beim Puzzlespiel können zunächst die vier Eckstücke, vielleicht auch etliche Randstücke oder besonders auffällige Puzzlesteine, in ein noch imaginären Gesamtpuzzle zusammengesetzt werden. Der Effekt: Es entsteht ein bisschen mehr Klarheit und Eindeutigkeit. In Problemsituationen des Lebens heißt das, vom Gesicherten ausgehen und das Entsprechende tun. Als Nächstes werden beim Puzzeln durch Ausprobieren und Vergleichen weitere Randsteine oder auffällige Teile entdeckt, die angelegt werden können. Auch im täglichen Leben ist Ausprobieren und Vergleichen angesagt. Ausprobieren, ob etwas passt, wie in einem Experiment. Passt etwas nicht: weiter ausprobieren.

Was bringt Ihnen diese Vorgehensweise? Sie erkennen, dass am Anfang einer Problemlösung fast alles ungewiss ist. Sie gewinnen zusehends Vertrauen darauf, dass ein Wechsel von Beobachten, Denken und Prüfen und praktischem Tun auch echte Herausforderungen lösbar macht.

5.3.2 Lösungsorientiertes Denken und Fragen

Manchmal ist ganz einfach die Problemstellung falsch. Die Fragen, die man sich stellt, führen in eine verkehrte Richtung oder in eine Sackgasse.

Problemorientiertes Denken entsteht, das sich immer mehr verheddert. Die erste Alternative dazu heißt lösungsorientiertes Denken. „Denken und Sprechen", müsste es eigentlich heißen. Denn beides ist eng miteinander verknüpft.

	PROBLEMORIENTIERUNG	LÖSUNGSORIENTIERUNG
Annahmen über die Situation	negativ geprägt	positiv geprägt
Tendenzen der Denkrichtung	Vergangenheit > Ursache > Verursacher > Schuldiger ... weg von ...	Zukunft > Optionen > Handeln > Macher hin zu ...
Beispiele	„Ich habe unser Haushaltsgeld bereits zur Hälfte aufgebraucht." „Wir leiden unter dieser Fehlerquelle seit Jahren. Wann funktioniert das endlich?"	„Wie kann ich unser verbleibendes Geld am sinnvollsten verwenden?" „Wie können wir das System reibungslos zum Laufen bringen?"
Selbstwahrnehmung	Verantwortung abschieben, Entschuldigungen suchen, Opferhaltung, Risiken vermeiden	(Selbst-)Verantwortung übernehmen; wer mutig handelt, blickt aufs Ziel und kann Hindernisse überwinden.
Sicht der Vergangenheit	belastet durch negative Geschehnisse	aus Fehlern der Vergangenheit kann man lernen
Sicht der Zukunft	■ verstellt durch Hindernisse ■ negative Prophezeiungen ■ Träumerei ohne Handeln	■ Eine Lösung wird gesehen. Sie muss noch erreicht werden. ■ Eine Lösung wird durch Ausprobieren zu finden sein. Hindernisse sind durch eigenes Handeln überwindbar.

INNERE UND ÄUSSERE BALANCE – LERNZIEL FÜRS LEBEN

Problemorientierte Sprache verwendet negativ geprägte Begriffe, richtet den Blick auf das, was nicht mehr änderbar ist. Sie fokussiert z.B. auf Ressourcenverbrauch, Vergangenheit, Gefahren und Risiken und nicht mehr Korrigierbares. Lösungsorientierung sucht nach hilfreichen Ressourcen, Chancen und Optionen, stellt kreative Fragen, motiviert zum Handeln.

Wenn Sie lösungsorientiert denken und dies entsprechend bei Ihren Gesprächspartnern auslösen wollen, dann sollten Sie folgende Empfehlungen beachten:
1. Konzentrieren Sie sich auf Ergebnisse anstatt auf Hindernisse.
2. Denken sie zukunftsorientiert anstatt vergangenheitsorientiert.
3. Treffen Sie positive Annahmen anstatt negativer.
4. Sehen Sie Fehler als Lernmöglichkeiten, anstatt nach einem Schuldigen zu suchen.
5. Beziehen Sie sich präzise auf eine Situation, anstatt Pauschalurteile zu äußern.
6. Zeigen Sie Selbstverantwortung, anstatt eine Opferhaltung einzunehmen.
7. Verwenden Sie positiv offene Begriffe anstatt negativ geprägter.

5.3.3 An das Konkrete denken – vom Konkreten sprechen

Viele Menschen, die sich im Stress befinden, denken nicht nur in die falsche Richtung. Sie neigen vielmehr zum Grübeln: zu einem Kreislauf unguter Gedanken, gespeist von entsprechenden abträglichen Emotionen. Die Stresssituation wird immer unlösbarer. Mit den Fragen und Überlegungen, die man anstellt, fährt man immer gegen dieselbe Wand. Einzelne Problemlagen und Stresssituationen werden so weit zu Pauschalurteilen verallgemeinert, dass eine sinnvolle Lösung nicht mehr möglich ist. Auch hier zeigt sich der enge Zusammenhang von Denken und Sprechen.

Einer hat mich kritisiert ...	**Einer** – nicht alle!
Mir zittern immer meine Hände ...	**Hier** und **jetzt** – nicht immer!
Ich muss ständig daran denken ...	In dieser **einen Situation** – nicht in allen!
Ich stelle mich so ungeschickt an ...	Bei **manchen Dingen** – nicht bei allem!

Achten Sie auch in Ihrer Selbstwahrnehmung auf derartige unspezifische Gedanken und versuchen Sie, sich konkreter auf bestimmte Situationen zu beziehen.

5.3.4 Das innere Team – ein Pendeln der Seele

Viele Problemlösungen und Entscheidungen fallen uns schwer, weil wir mit uns selbst im Unreinen sind: Wir besitzen unterschiedliche Einschätzungen zu einem Thema, nehmen vielleicht mehrere Rollen ein, die verschiedene Vorgehensweisen nahelegen. Wir erleben dann Konflikte mit uns selbst, mit verschiedenen inneren Anteilen. Diese Anteile streiten in einem inneren Konflikt: Der erste Anteil drängt zum Handeln, ein zweiter mahnt zur Vorsicht, ein dritter will einen weiteren Aspekt berücksichtigt wissen usw. Wie in einem Konflikt mit anderen Personen streiten hier verschiedene Seiten einer Person um die Vormacht: Welche Sichtweise ist die richtige? Welche bestimmt, wo's langgeht? Anteile, die dabei zu kurz kommen, melden sich immer wieder zu Wort, blockieren Entscheidungen. So entsteht Stress.

Gesprächspartner erkennen diese Unsicherheit in Entscheidungssituationen am Auftreten und an fehlender Sicherheit. Der Hamburger Psychologe Friedemann Schulz von Thun hat zur Lösung solcher innerer Konflikte ein sehr einfach anwendbares Modell erstellt: das innere Team.

Die Vorstellung, dass sich unsere Persönlichkeit aus mehreren inneren Personen zusammensetzt, hilft zunächst sehr gut, die einzelnen Positionen wahrzunehmen. Durch den Gedanken, dass diese verschiedenen Personen am stärksten sind, wenn sie ein richtiges Team bilden, ist es dann möglich, so lange zwischen den „Meinungen" der inneren Personen hin- und herzupendeln, bis es gelungen ist, sie alle unter ein Hut zu bringen: sprich, eine klare Entscheidung zu treffen.

Abbildung 17: Das innere Team

INNERE UND ÄUSSERE BALANCE – LERNZIEL FÜRS LEBEN

Übung: Umgang mit dem inneren Team

1. Zeichnen Sie, wie in der Abbildung, Ihren stilisierten Oberkörper auf ein Blatt Papier.
2. Versetzen Sie sich in die blockierte Situation hinein. Nehmen Sie sich einige Minuten Zeit, um Ihre verschiedenen inneren Positionen wahrzunehmen. Betrachten Sie jede Position zur blockierten Entscheidung als eine Person.
3. Zeichnen Sie Ihre einzelnen inneren Personen in den Rumpf ein. Suchen Sie für Ihre Personen charakteristische Namen wie z. B. „Der Perfekte" oder „Der Eilige".
Es sollen keinesfalls herabsetzende Namen gewählt werden, wie z. B. „Der Miesmacher" oder „Der Querulant".
4. Denken Sie sich reihum in die einzelnen Anteile hinein und notieren Sie ggf. die jeweiligen Stärken und Schwächen am Rand der Zeichnung.
Vielleicht fallen Ihnen dazu auch Bilder, Vergleiche, Redensarten usw. ein.
5. Würdigen Sie jetzt jedes innere Teammitglied, indem Sie sich fragen: „In welchen Situationen ist das typische Verhalten dieses Teammitglieds sinnvoll und gerechtfertigt?"
6. Beginnen Sie schließlich, die Stärken der verschiedenen Teammitglieder zu integrieren: „Wie können die einzelnen Teammitglieder in mir am besten zusammenarbeiten? Welches Mitglied ist der Chef? Was kann jede Person zur Problemlösung beitragen, wenn sie ein Team bilden?"
7. Fragen Sie sich schließlich: „Fehlt noch ein Mitglied für ein gutes Team, um die richtige Entscheidung zu treffen?"
Ergänzen Sie auch dieses.

Strebe nach Ruhe, aber durch das Gleichgewicht, nicht durch den Stillstand deiner Tätigkeit.

Friedrich Schiller

5.4 Die dynamische Balance der eigenen Lebensbereiche

Balance ist der zentrale Ansatz zur kurzfristigen und langfristigen Stressbewältigung. Im Verlauf dieses Kapitels wurde der Begriff Balance in Verbindung mit einer besonderen Wahrnehmungsfähigkeit, der Achtsamkeit, und der damit möglichen Koordination innerer Abläufe gebracht.

Stresserleben ist ein Zusammen- und Wechselspiel innerer und äußerer Faktoren. Ähnlich ist es mit den Qualitäten der inneren Balance: Auch diese stehen in Wechselbeziehung mit der Umwelt. Sie beziehen sich auf die Außenwelt des Menschen: auf Arbeit und Familie, Freunde, Bekannte und auf sein soziales Netz. Diese Umweltfaktoren wiederum können die Entwicklung von Balance entscheidend beeinflussen.

Diese Bezugssysteme des Menschen zu seiner Umwelt werden als Lebensbereiche bezeichnet.

Innere Balance droht verloren zu gehen, wenn die (äußere) Balance der Lebensbereiche gestört ist. Diese Balance der Lebensbereiche ist der zweite wesentliche Ansatzpunkt der Stressregulation. Nicht nur als Unterstützung während einer Stressbewältigung, sondern noch mehr als wirksamer Schutz vor bestimmten Stresskonstellationen.

In der Literatur über Selbstmanagement ist eine Einteilung in vier Lebensbereiche üblich, auch wenn die einzelnen Autoren dafür unterschiedliche Oberbegriffe verwenden. Aus unserer Erfahrung ist die Einteilung in folgende vier Lebensbereiche sinnvoll:

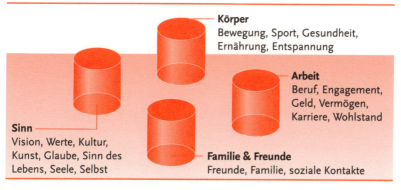

Abbildung 18: Lebensbereiche mit Zuordnung

INNERE UND ÄUSSERE BALANCE – LERNZIEL FÜRS LEBEN

Jedem dieser Oberbegriffe werden weitere Bereiche zugeordnet, die in unserem Leben eine Rolle spielen. So gehören zum Lebensbereich „Körper" Bewegung, Ernährung, Körperpflege, Schlaf und Entspannung. Und dem Lebensbereich „Arbeit" werden unsere Aktivitäten im Rahmen einer Berufskarriere, Arbeit im Sinne von Pflege und Hausarbeit oder ein ehrenamtliches Engagement, aber auch finanzielle Angelegenheiten zugeschlagen.

5.4.1 Auf das Zusammenspiel der Lebensbereiche kommt es an

Über die vier Lebensbereiche kann man in der Literatur nachlesen (z.B. im Band „Zufriedenheit ist machbar", siehe Literaturverzeichnis). Wir wollen uns auf die Bezüge zu Stress und insbesondere Zeitstress konzentrieren. Mehr würde den Rahmen dieses Buches sprengen.

1. Die sinnvolle Organisation und Aufteilung der Lebensbereiche wird häufig missverstanden. Die Lebensbereiche sind nicht deshalb gut organisiert, weil für alle vier dieselbe Stundenzahl aufgewendet wird. Also ein Viertel des Tages oder der Woche für den Körper, ein Viertel für Arbeit usw. Das wäre ein zu simples Rechenspiel und eignet sich nur für eine grobe Diagnose.

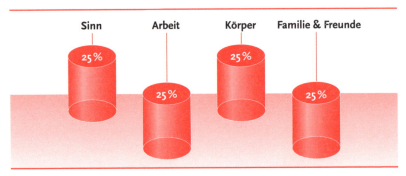

Abbildung 19: Gleichmäßige Zeitverteilung auf die Lebensbereiche

Allein der Umstand, dass der ausreichende tägliche Schlaf bei den meisten Menschen mehr als sechs Stunden dauert, macht ein Rechenspiel unsinnig. Das angestrebte Viertel des Lebensbereichs Körper müssten wir somit komplett verschlafen.

Es ist es nicht der gleichmäßige Zeiteinsatz in allen Lebensbereichen, der vor bestimmten Stresssituationen schützt und andere zu bewältigen hilft, sondern die Gestaltung und Nutzung der jeweiligen Zeiträume. Wir können für einen Lebensbereich auch in einer einzigen Stunde Wichtiges leisten, so wie wir zehn Stunden pro Tag mit Banalitäten und Ablenkungen vergeuden können. Wichtiges im Hinblick auf unsere Ziele und Verpflichtungen, Wichtiges zur Verbesserung unserer Lebensqualität, für die Zukunft unserer Kinder, für das „Einssein mit dem eigenen Leben", das sind die wesentlichen Punkte, die eine Balance ausmachen.

2. Entscheidend für gutes Stressmanagement ist also nicht die gleichmäßige Zeitverwendung in allen Lebensbereichen. Nicht die Höhe der einzelnen Säulen erleichtert uns den Umgang mit Stress, sondern der Umstand, dass diese Säulen miteinander verbunden sind.

In den Naturwissenschaften gibt es das Prinzip der kommunizierenden Röhren. Die Säulen bilden ein System, indem sie über Rohre und Leitungen miteinander verbunden sind. Steigt in einer Säule der Flüssigkeitsstand durch Zufluss von außen, dann gleicht sich der Pegel nach einiger Zeit wieder aus, weil ein Teil der Flüssigkeit über die Verbindungsrohre an die anderen Säulen abgegeben wird.

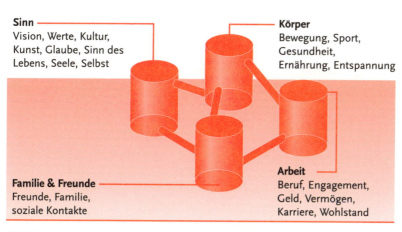

Abbildung 20: Die Balance der Lebensbereiche durch kommunizierende Röhren

INNERE UND ÄUSSERE BALANCE – LERNZIEL FÜRS LEBEN

Bezogen auf Stresssituationen sagt uns dieser Vergleich zweierlei:

1. Wird in einer Säule der Stresspegel höher, ohne dass er sofort wieder nach außen abgeleitet wird, dann wird sich Stress auf andere Lebensbereiche übertragen.
2. Stress in einem Lebensbereich kann dagegen *nicht* in andere Bereiche hineinfließen, wenn die Verbindungsrohre durch „Hähne" oder „Ventile" geregelt werden können. Wer seine Regulationsmechanismen kennt und nutzt, kann Stress konstruktiv ableiten.

Beispiel zu 1
Ein Vater kommt nach einem Bürotag, an dem es Ärger gab, nach Hause, schnauzt Frau und Kinder an und hat überhaupt keine Lust, noch auf der Vorstandssitzung des Sportvereins die Kassenprüfung mitzumachen. Stress und Ärger aus dem Beruf werden mit nach Hause gebracht und treiben auch dort ihr Unwesen.

Beispiel zu 2
Wenn sich unser gestresster Vater nach dem ätzenden Bürotag zuhause entscheidet, mit seinen Kindern gleich eine Stunde auf den Bolzplatz zu gehen, wird danach der Ärger des Büroalltags weitgehend verraucht sein. Das Beispiel ist exemplarisch. Ihnen fallen sicher andere, Ihnen entsprechende Mechanismen ein, um den Ärger „abzubauen".

Eine gute Organisation der Lebensbereiche wird gewährleistet, wenn die einzelnen Bereiche miteinander verbunden sind und wenn die Regulationsmöglichkeiten wahrgenommen werden. Das Balancesystem des Menschen funktioniert, wenn Kontrolle, Selbstregulation, Flexibilität und Anpassungsfähigkeit vorhanden sind.

5.4.2 Wie gut ist Ihr Balancesystem aufgebaut?

Wir schlagen Ihnen vor, eine kleine Bilanz Ihrer wesentlichen Lebensbereiche zu erstellen. Welche sind gut integriert in Ihr Leben? Was leisten diese für Beiträge? Welche kommen zu kurz oder fehlen gänzlich?

Versuchen Sie sich Ihre Lebensbereiche möglichst konkret vorzustellen. Lassen Sie Ihre Fantasie schweifen, um herauszufinden, was Sie durch diese Bereiche direkt gewinnen könnten. Und fragen Sie sich, was die verkümmerten Lebensbereiche zu einem ausgeglichenen Leben, zu Balance und dem kleinen Glück im Alltag beitragen könnten.

Hilfestellung bieten die konkreten Fragen in der folgenden Übung. Sie können sich dabei an der Abbildung 20 orientieren, die einzelne Aspekte der vier Lebensbereiche nennt. Eine andere Möglichkeit, um sich in die Bereiche des eigenen Lebens hineinzuversetzen, könnte eine Zeichnung, ein Bild sein, das Ihnen einen sinnlicheren Zugang bietet.

Zusammenfassend: Der Aufbau von Balance, einer ausgewogenen Beschäftigung in den vier Lebensbereichen, bietet Schutz vor extremem Disstress-Erleben und zeigt Alternativen des Umgangs mit Stresssituationen auf. Langfristig fördert Balance die Widerstandsfähigkeit gegenüber den Folgen von massivem Stress.

ÜBUNG

	A	B	...
Meine Lebensbereiche	...	...	...
Warum ist dieser Bereich *an sich* für mich wichtig?	...	...	...
Welche Bedeutung besitzt er für *mein* Leben?	...	...	...
Wie ist der Bereich mit anderen verbunden? Wie trägt er zu weniger Stress bei?			
Gibt es Bereiche des Säulenmodells, die bei mir zu kurz kommen?			
Lebensbereiche, die bei mir zu kurz kommen			
Was fehlt mir dadurch?			
Was könnte dieser Bereich für mein Leben bedeuten?			
Wie könnte ich diesen Bereich ausbauen und besser in mein Leben integrieren?			

6 ROBUSTES ZEITMANAGEMENT FÜR TURBULENTE ZEITEN

Die bisherigen Kapitel setzten sich vor allem mit Stress durch Eingriffe in den Stressablauf und durch den Aufbau innerer Abwehrkräfte auseinander – Abwehrkräfte, die gleichzeitig positive Lebenskräfte aufbauen.

Jetzt werden wir uns mit dem Einfluss unseres Zeiterlebens und Zeiteinsatzes auf die Stressreduktion befassen. Insbesondere auf Stress, den wir als Zeitstress definiert haben: einem ständig erhöhten Stressniveau, das den Zustand der Ruhe nicht mehr erreicht. Zeitstress als Stressverlauf, bei dem nicht mehr die einzelnen Stresssituationen im Mittelpunkt stehen, sondern Stress als klebriges Band erscheint, das sich durch das Leben zieht. Die Lösungsbeiträge dieses Kapitels sind Techniken und Methoden des Zeitmanagements.

Stress hat einen ganz grundsätzlichen Bezug zur Zeitwahrnehmung
Die Zusammenhänge zwischen Stress und Zeit sind uns nicht einfach zugänglich: Wir haben kein unmittelbares Sinnesorgan für Zeitwahrnehmung. Eine Armbanduhr ist nur ein sehr schlechter Ersatz dafür. Zeitwahrnehmung ist eine Konstruktion unseres Gehirns.

„Das Gefühl für die Zeit ist eine höchst ausgefeilte Tätigkeit des Geistes. Fast sämtliche Funktionen des Gehirns sind daran beteiligt. Körperempfinden und Sinneswahrnehmung; Erinnerung und das Vermögen, Zukunftspläne zu schmieden; Emotionen und Selbstbewusstsein: Sie alle wirken zusammen, und ist auch nur einer dieser Mechanismen gestört, verzerrt sich das Erleben der Zeit und verschwindet ganz." So schreibt der bereits erwähnte Biologe Stefan Klein.

- Eine Anspannung, die Disstress auslöst, hält immer über eine gewisse Zeitdauer hin an. Die Dauer und die Häufigkeit der Stresserlebnisse bestimmen die Wirkung, ob wir hier nur momentanen Stress erleben oder unter akutem oder gar chronischem Stress leiden.
- Stresssituationen verändern die Zeitwahrnehmung – die Geschwindigkeit, in der wir meinen, dass die Zeit vergeht. Stress erzeugt eine hektische Betriebsamkeit. Impulsive Fluchttendenzen, die meist dazu führen, das Falsche zu tun, sind genauso möglich wie zwischenzeitliche Phasen der Lähmung.

- Stress **verkürzt meist die Zeitperspektive** – vor allem reduziert er die Zeitwahrnehmung auf die aktuelle Stresssituation und deren Bewältigung.
Insbesondere wenn Zeitstress zu einem Dauerzustand wird, verdünnt sich unsere Erinnerung an die Zeit davor und die Vorstellung von einer Zeit danach. Der Dauerzustand Stress beschäftigt das Bewusstsein ständig. Vergangenheit zählt nicht mehr – wir verlieren die Bezüge dazu. Zukunftsplanungen liegen jenseits eines grauen Nebels.

Abbildung 21: Zeitstress verdrängt vieles andere

- Stressende Ereignisse erzeugen einen **Verdrängungseffekt**: Sie füllen das Bewusstsein vollständig aus und bestimmen unsere Zeitverwendung. Sie verhindern ruhiges Nachdenken und umsichtige Problemlösung, die einzig angemessene Reaktion auf kritische Situationen. Damit schaden sie allen anderen Aufgaben, Vorhaben und Zielen. Wir müssen Vorhaben, die wir in einer bestimmten Zeit erledigen wollten, verschieben, unterbrechen oder abbrechen. Termine platzen. Wir sind gezwungen zu improvisieren, wo wir eigentlich sorgfältig arbeiten wollten.
Stress-Zeit ist verlorene Zeit im Hinblick auf das, was wir uns vom Leben versprechen.

ROBUSTES ZEITMANAGEMENT FÜR TURBULENTE ZEITEN

6.1 Wie Zeitmanagement den Stress vermehren kann

Lassen Sie uns dieses Kapitel mit den schlechten Nachrichten beginnen: mit all dem, was Sie durch Zeitmanagement falsch machen können – sowohl mit dem eigenen „selbstgebackenen" Zeitmanagement wie durch Befolgen einiger Regeln, die in manchen Seminaren, Büchern und Zeitschriftenartikeln feilgeboten werden.

Vor allem in den achtziger Jahren wurden Führungskräfte kolonnenweise in Zeitmanagement-Seminare geschickt. Sie lernten Ziele formulieren und diese in die Jahres-, Monats-, Wochen- und Tagespläne zu übertragen. Heimliches Ziel des Zeitmanagement war es: Abarbeiten der Aufgabenliste und möglichst hundertprozentige Erledigung aller Aufgaben des Tagesplans.

Dieses Verständnis von Zeitmanagement ist heute im Grunde überholt. Es verschärft lediglich die Stressspirale. Die Logik dieses Ansatzes ist die des „Mehr-von-Demselben": Zeit wird effizienter genutzt, nur um noch mehr Aufgaben in seinem Zeitkontingent unterzubringen.

> Manche Menschen sehen nur den Aspekt des Zeitgewinns. Haben sie eine tickende Uhr im Kopf? Vergessen sie, dass Geschwindigkeit alleine häufig zulasten der Qualität geht und zu höherer Stressbelastung führt?
> Das verkehrt Zeitmanagement sogar ins Gegenteil dessen, was es bewirken soll.

Es kommt hinzu: Während Zeitmanagement von seinem Anspruch und Wissensstand her mittlerweile deutlich weiter ist, sorgen die Umstände unserer Zeit dafür, dass effizienzorientiertes Arbeiten der dominierende Stil bleibt. Infolgedessen haben „standardmäßige" Überstunden, Hektik und Stress, Workaholismus und Burn-out gerade in den letzten Jahren massiv zugenommen. Doch die Effizienz-Orientierung ist an einem kritischen Punkt angelangt. Ständig ans Limit gehen, Lean Management und just in time und Personalabbau – mehr geht nicht mehr, wenn der Mensch Mensch bleiben soll!

6.1.1 Zeiteinsparen führt zu Zeitstress

Zeitmanagement ist voller paradoxer Erscheinungen. Der Schweizer Volkswirt Martin Binswanger beschreibt das Phänomen *„Immer mehr Zeit sparen und doch weniger Zeit haben"*. Mitverantwortlich sind dafür moderne Technologien, die im Grunde Zeit einsparen helfen sollen:

- Es fängt im privaten Bereich an: Haushaltsgeräte erleichtern die Arbeit, führen aber dazu, dass man mehr Arbeiten durchführt und das auch öfters.
- Schnelle Verkehrsmittel beschleunigen den Transport und vergrößern damit den Radius des Berufspendlers.
- Kommunikations- und Informations-Technologie verdrängt langsame Informationsträger wie Brief und Buch und führt geradewegs in die Informationsflut.

Die Tretmühlen des modernen Lebens, Status-, Anspruchs- und Zeitspar-Tretmühle, haben eines gemeinsam: Obwohl wir – im Weltmaßstab gemessen – in relativem Wohlstand leben, vermindern sie die Chancen auf Glück und erzeugen stattdessen Stress und Leistungsdruck.

Verschärfend kommt, laut Binswanger, die Multioptionstretmühle dazu: der steigende Anspruch, in einer Zeiteinheit immer mehr machen zu wollen. *„Stets muss man sich überlegen, ob man die Zeit für etwas aufbringen oder lieber etwas anderes tun sollte."*

Immer wieder werden Befragungen und Studien zur Zeitnot durchführt, die – was Berufstätige angeht – mehr oder weniger intensive Defizite aufzeigen. Auf den vorderen Plätzen der Mangelerscheinungen werden oft genannt:

- kann nicht ausschlafen
- wünsche mir mehr Zeit für mich selbst
- stehe unter Zeitdruck
- mein Leben wird von der Uhr diktiert
- fühle mich von anderen gehetzt
- kann aus Zeitgründen Dinge nur (zu) oberflächlich machen

Hinzu kommen Klagen über gesundheitliche Probleme, sei es, dass Krankheiten nicht wirklich auskuriert werden können oder dass die Gesundheit unter dem Zeitdruck leidet.

ROBUSTES ZEITMANAGEMENT FÜR TURBULENTE ZEITEN

Wenn du es eilig hast, dann gehe langsam!
Dieser Satz ist der vielleicht älteste Tipp der Welt gegen Zeitstress! Und wie aktuell ist er heute! Es ist ein Trugbild, wenn wir unter Stress glauben, es sei wichtig, 5 Sekunden, 10 Minuten oder eine Stunde zu gewinnen, wenn wir nur schnell genug gehen und handeln. Dies ist lediglich impulsgesteuertes Handeln nach dem Motto „Fliehen oder Kämpfen".

Wer sich dagegen Zeit lässt, schleicht sich aus dem Stresstunnel heraus. Die Zeitwahrnehmung reguliert sich. Der Hormonspiegel wird normalisiert. Die Umwelt kann wieder wahrgenommen werden, in all ihrer Alltäglichkeit. Wir finden Bodenhaftung. Die stressende Situation erscheint plötzlich in einem anderen Licht, im Licht ihren ganz banalen Bedeutung. Normales Denken wird allmählich wieder möglich, mit all seinen Freiheiten, eine Situation zu beurteilen und alternative Lösungswege zu suchen.

> Wenn Sie das Langsam-Gehen ein paar Mal beherzigt haben, werden Sie sehr schnell bemerken, dass stressige Abläufe sich unmittelbar entspannen und viel positiver verlaufen als befürchtet.

Sie gewinnen Vertrauen zu diesem Langsam-Gehen und Loslassen. Mit der Zeit werden Sie dies als sofortige Entspannung Ihrer Gedanken und Ihres Körpers wahrnehmen können. Langsam-Gehen ist kein Selbstzweck. Dahinter steckt die Erkenntnis, die Mihály Csikszentmihalyi auf der Suche nach den Bedingungen von Glück formulierte: Die heutigen Gefahren bedrohen in erster Linie unser inneres Selbst. Sie erzeugen Entropie im Sinne einer inneren Unordnung. Das Gegenteil davon, das Wiederherstellen einer inneren Ordnung, ist der eigentliche Zweck des Langsam-Gehens. Die innere Einstellung dazu ist die Achtsamkeit, die Methode haben wir als Pendeln bezeichnet (vgl. Abschnitt 5.2.5).

Weitere Maßnahmen einer Verlangsamung und der Schaffung einer inneren Ordnung
Im weiteren Verlauf dieses Kapitels werden wir auf mehrere Maßnahmen des Zeitmanagements eingehen, die Stress vermeiden und innere Ordnung schaffen helfen. Die wichtigsten davon:

- **Pausen** können Pausen von gestresstem Denken und damit Pausen für situationsgerechtes Denken sein. Sie rhythmisieren gleichzeitig unsere Tagesabläufe und beugen frühzeitiger Erschöpfung vor.
- **Pendeln** als eine Verlängerung des Augenblicks, in dem wir uns auf eines konzentrieren und dabei bleiben, bis wir Klarheit gewonnen haben und uns entscheiden können.
- **Pufferbildung** ist eine der wichtigsten Maßnahmen des Zeitmanagements in hektischen und unübersichtlichen Tages- und Wochenabläufen.
- **Prioritätenorientierung** hilft anhand von Wertmaßstäben, Aufgaben klar auf einer Skala von wichtig bis unwichtig einzuordnen. Das Wichtige wird fokussierbar, weniger Wichtiges kann nebenbei erledigt und das Unwichtige darf vernachlässigt werden.
- Das **Vorbereiten und Nachbereiten** wichtiger Ereignisse hilft, minderwertige Ergebnisse zu vermeiden und stattdessen gelassen die richtigen Dinge zu tun.

Bessere Qualität Ihrer Aktivitäten, das Vermeiden von Pannen aus Hektik und das zunehmende Wohlbefinden werden Ihnen den „Zeitverlust" durch das Langsam-Gehen mehrfach zurückzahlen.

6.1.2 Informationsflut oder schon „Information Overkill"?

Vorneweg schicken müssen wir den Umstand, dass das Informationsaufkommen mittlerweile exponentiell wächst und sich alle paar Jahre verdoppelt. Doch wie viel Informationen, Anrufe, E-Mails usw. verträgt ein Mensch, der anspruchsvolle Aufgaben zu erledigen hat, dabei aber ständig unterbrochen wird?

„*Wir ertrinken in Information(en), aber dürsten nach Wissen*", hatte der amerikanische Trendforscher John Naisbitt bereits 1982 festgestellt. Was könnte er damit gemeint haben?

Informationen sind das Rohmaterial unserer Arbeitsprozesse. Erst wenn die richtigen Informationen ausgewählt wurden, bearbeitet wurden und zu einer sinnvollen Einheit kombiniert wurden, entsteht Wissen. Irgendwo in diesem Prozess – so viel nehmen wir vorweg: an mehreren Stellen – muss es also Probleme geben.

Am Beispiel der E-Mails lässt sich dies verdeutlichen. Manche dieser Symptome könnten in ähnlicher Form bei anderen Medien und Informa-

tionsträgern entdeckt werden. Setzen wir nur einmal drei Zahlen zueinander in Beziehung:
- Etwa 90 % aller Menschen sagen, dass ihre Arbeitseffizienz gestiegen ist.
- Fast 100 % erleben eine gestiegene Nachrichten- und Informationsflut.
- Mehr als 50 % besitzt keine klaren Regeln für den Umgang mit E-Mails.

Eine erste Erklärung für E-Mail-Flut sind fehlende oder unklare Regeln. Ähnliches würde für einen Studenten gelten, der für eine Facharbeit Dutzende von Büchern liest, aber keine Regeln festlegt, wie er die Erkenntnisse aus dem Gelesenen sammelt, komprimiert und weiterverarbeitet.

Wenn wir die ersten beiden Prozentzahlen – zu Arbeitseffizienz und zu Informationsflut – miteinander vergleichen, dann stellen wir fest, dass eine gestiegene Arbeitseffizienz offensichtlich nicht der entscheidende Maßstab sein kann, um Nachrichten- und Informationsfluten zu messen und in der Folge zu verhindern.

Wir nähern uns den Ursachen, wenn wir die Merkmale von Informationen, die per E-Mails versandt werden, und die Art und Weise, wie E-Mails gespeichert werden, betrachten.

Informationsbearbeitung ist von vornherein unstrukturiert. Die Reihenfolge und die Art der Arbeitsschritte lässt sich nicht immer festlegen. E-Mails werden, sofern sie nicht ausgedruckt und in Papierform abgelegt werden (wie altertümlich!), in einem elektronischen System zwischen- und endgespeichert. Im Grunde sind Dateiformat, Speicherort und Gliederung des Ablagesystems elektronischer Informationen völlig beliebig. Ähnliches gilt für Informationen, die wir in Office-Programmen erstellen oder bearbeiten und ebenfalls als Dateien speichern.

Erst durch Regelungen, Zugriffsrechte, elektronische Archivierungssysteme usw. können Informationen in sinnvolle logische Einheiten gebündelt werden. Nur so entstehen transparente Arbeitsprozesse und erkennbare Ergebnisse in Form von Wissen.

Auch wenn viele von uns mit der guten alten Papierablage ihre Schwierigkeiten hatten, konnte damit im Prinzip manches einfacher gehandhabt werden. Der Text oder sonstige Inhalt und der Informationsträger, das Papier, bildeten eine feste Einheit. Noch näher kommen wir den Ursachen der Informationsflut, wenn wir uns den Informationsverarbeitungsprozess etwas genauer anschauen.

Die Informationstechnologien erlauben es dem modernen Menschen, über alles informiert zu sein, ohne etwas zu verstehen.

Nicola Gomez-Davila

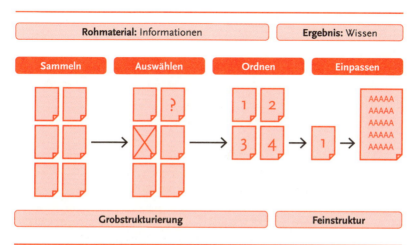

Abbildung 22: Wissen generieren

Die Abbildung gibt einen groben Überblick über den Prozess der Informationsverarbeitung.
- Das Sammeln von Informationen ist in der Regel der erste und gleichzeitig der einfachste Schritt dieses Prozesses. Wer diesen Schritt durchführt, das Auswählen und Ordnen dagegen vernachlässigt, tut sich schwer, brauchbare Ergebnisse in Form von Wissen zu erzeugen.
- Informationsverarbeitung ist Denkarbeit, ein anspruchsvoller komplexer Prozess. Schwer strukturierbar und vor allem vielfältig strukturierbar, besonders auf EDV-Basis. Wer auf diese Denkarbeit verzichtet, schafft sich einen neuen Bereich der Unordnung.
- Wesentlich für Informationsverarbeitung sind die Schritte zwei und drei: das Auswählen und Ordnen, das Selektieren, Strukturieren und Entscheiden.

ROBUSTES ZEITMANAGEMENT FÜR TURBULENTE ZEITEN

- Der gesamte Prozess wird erheblich vereinfacht, wenn wir dieses Vier-Phasen-Modell – das bei komplexer Informationsverarbeitung natürlich deutlich aufwändiger ablaufen muss – einen weiteren Schritt voranstellen:
- Dieser erste Schritt heißt „Zwecksetzung". – Welche Ergebnisse sollen erarbeitet werden? Wozu wird Information benötigt und wozu nicht? Ziele festlegen, Nicht-Ziele ebenfalls, Grenzen ziehen.

Diesen zusätzlichen Schritt der Informationsverarbeitung nehmen wir als Ausgangspunkt für die folgenden Empfehlungen zur Verringerung der E-Mail-Flut:

EMPFEHLUNGEN ZUR VERRINGERUNG DER E-MAIL-FLUT
1. Setzen Sie Filter ein, um unerwünschte Mails zu unterbinden.
2. Kündigen Sie ungewollte Newsletter.
3. Leeren Sie regelmäßig die E-Mail-Postfächer.
4. Achten Sie darauf, dass der *Posteingang und Gesendete E-Mails* überschaubar bleiben. Nur offene E-Mail-Vorgänge mit ausstehender Antwort sollten enthalten sein.
5. Speichern Sie E-Mails mit längerfristigem Wert in dem Dateiordner ab, der auch alle anderen Dateien zu einem Vorgang enthält.
6. Daneben oder alternativ dazu können Sie für regelmäßigen E-Mail-Verkehr mit bestimmten Personen oder für Themengruppen Unterordner im E-Mail-Programm anlegen.
7. Bearbeiten Sie eingegangene E-Mails möglichst in kleinen Blöcken, je nach ihrer Bedeutung in konzentrierten Phasen oder zwischendurch.
8. Drucken Sie E-Mails aus, die wichtiger Bestandteil eines ansonsten in Papierform abgelegten chronologischen Vorgangs sind.
9. Wenn es nicht eine Ihrer Hauptaufgaben ist, E-Mails zeitnah zu bearbeiten, schalten Sie die automatische Eingangsmeldung aus und reduzieren Sie den Blick ins Eingangsfach auf einige wenige Male pro Tag.
10. Nutzen Sie die jeweiligen Hilfsmittel des E-Mail-Programmes, um Prioritäten festzulegen.

Sollten diese Empfehlungen keine erkennbare Verbesserung erbringen, dann ist nicht nur im E-Mail-System des Einzelnen etwas faul. Dann stimmen Aufgabenfülle, Arbeitsabläufe oder andere übergeordnete organisatorische Bereiche nicht. Eine Lösung ist dann durch eine ==Reorganisation auf einer höheren Ebene== zu suchen.

6.1.3 Multitasking

Anbieter von UMTS-fähigen Handys schreiben nur das Beste über Multitasking: Überall erreichbar sein, unterwegs arbeiten, keine Leerlaufzeiten mehr! Kein Wunder, diese Geräte zu verkaufen, ist ihr Geschäft.

Psychologen wiederum warnen vor den Gefahren von Multitasking: Die Tagesleistungskurve fällt bei Multitasking rapide, mehr Fehler passieren – auch in gefährlichen Situationen – und die Stresskurve steigt. Statistiken bestätigen das und errechnen den daraus resultierenden Schaden.

Was stimmt nun?
An allen Argumenten ist etwas dran. Doch so sehr es zur Zeit in Mode ist, besagte Geräteanbieter natürlich ausgenommen, Multitasken zu verteufeln, im Alltag sieht manches ein bisschen anders aus.

Unser Gehirn „multitaskt" bis zu einem gewissen Punkt immer: Es nimmt gleichzeitig unterschiedliche Reize auf und verarbeitet sie. Wir sehen und sprechen gleichzeitig und führen nebenher noch koordinierte Bewegungen aus. Allerdings ist unser Gehirn nicht multitaskingfähig wie ein moderner Computer. Dieser leistet, auf der Ebene von Millisekunden betrachtet, tatsächlich mehreres parallel. Unser Gehirn kann – in winzigen Zeiteinheiten betrachtet – Reize nur seriell, nacheinander, verarbeiten. Es gelten dabei all die Beschränkungen unseres Arbeitsgedächtnisses: sehr begrenzte Kapazität, schnell flüchtig, mit einem sehr hohen Anteil an Reizen, die in einem internen Spam-Filter hängen bleiben.

Multitasking, von dem wir hier sprechen wollen, findet in wesentlich größeren Zeiteinheiten statt, dazu zwei Beispiele.

> (1) Im Zeitraum von zehn Minuten ein Telefonat führen, gleichzeitig eine E-Mail überfliegen, einen Termin in den Kalender eintragen und nebenher das PC-Programm updaten. Nichts davon erfordert besonders viel Konzentration und wird von vielen modernen Schreibtischarbeitern mühelos bewältigt.

ROBUSTES ZEITMANAGEMENT FÜR TURBULENTE ZEITEN

> Problematisch wird es, wenn der ganze Arbeitstag in der beschriebenen Form abläuft.
>
> (2) Ein Projektmitarbeiter arbeitet an einem Tag an fünf verschiedenen Projekten. Die meisten Tätigkeiten führt er nacheinander aus, indem er in das erste Projekt eine Stunde investiert, in das nächste 20 Minuten usw.
>
> Sein Problem ist das der erforderlichen geistigen Rüstzeit: Wenn er sich mehrmals am Tag in eine komplexe Materie eindenken muss, geht ihm ein guter Teil seiner Arbeitszeit verloren.

Manches von dem, was wir gewöhnlich als Multitasking bezeichnen, geschieht parallel, vieles aber seriell, also nacheinander. Letzteres meint eigentlich nur: Mehreres muss innerhalb eines engen Zeitrahmens erledigt werden.

Unter welchem Umständen ist Multitasking angebracht und wann nicht?
1. Es hängt von der Disposition des Einzelnen ab, wie Multitasking-fähig er ist. Von der Konzentrationsfähigkeit, seiner Koordination und von persönlichen Präferenzen. Der eine bevorzugt es, eines nach dem anderen zu erledigen, der andere braucht ein gewisses Maß an Gleichzeitig-Tun, um produktiv zu sein und sich wohl zu fühlen.
2. Sind Abläufe automatisiert, die gleichzeitigen Bewegungen mit den Augen, mit Händen und Füßen beim Autofahren zum Beispiel, dann finden sie ganz selbstverständlich zeitgleich statt. Anders wäre Autofahren gar nicht möglich.
Tätigkeiten, die anspruchsvolle bewusste Kontrolle verlangen und die nicht automatisierbar sind, sind nicht unbedingt Multitasking-geeignet.
3. Multitasking ist situationsabhängig. Was in Momenten äußerer und innerer Ruhe gut funktioniert, kann zu anderen Zeiten kräftezehrend und fehleranfällig sein.
4. Kritisch sind ständige Unterbrechungen, mit dem Impuls, an anderen Aufgaben weiterzuarbeiten.
Im Zeitmanagement ist der Sägezahneffekt bekannt: Es dauert von Mal zu Mal länger, sich in eine unterbrochene Aufgabe erneut einzuarbeiten.

Verzichten Sie darauf, den Kollegen den ganzen Tag über zu beweisen, wie multitaskingfähig Sie sind. Achten Sie auf einen Arbeitsrhythmus, der auch konzentrierte und ruhige Phasen enthält.

5. Arbeit erfordert einen Wechsel zwischen Ausführen und Prüfen, zwischen Detail und Überblick, Nähe und Distanz. Im Zeitmanagement bedeutet das: Zeit einteilen – eine Tätigkeit ausführen – erneut Zeit einteilen.

   Wer Multitasking betreibt, braucht ein ausgeprägtes Bewusstsein dafür, was zur gleichen Zeit alles ansteht. Abhängig von Ihrer Fähigkeit, mehrere Dinge im Auge behalten zu können, sollten Sie Ihre Aufgaben möglichst nacheinander erledigen, oder können eben mehreres gleichzeitig am Laufen halten.

6. Unser heutiger Arbeitsalltag wird durch ständige Unterbrechungen und Unvorhersehbares zerhackt. Dabei kann Multitasking schnell aus dem Ruder laufen: Gerade waren es noch drei Tätigkeiten, die parallel durchgeführt wurden, plötzlich sind es fünf. Gerade war die Atmosphäre in Büro noch entspannt und produktiv, plötzlich wirken alle Kollegen hektisch. In solchen Situationen steigt die Fehleranfälligkeit. Auch das Wichtige, aber Unangenehme wird bei dieser Gelegenheit typischerweise vergessen.

   In solchen Situationen sollten Sie in der Lage sein, ein oder zwei Gänge herunterzuschalten.

7. Achten Sie auf jeden Fall auf Ihr Wohlbefinden. Fühlt es sich gut an, multitaskend mehreres zu tun? Multitasking kann als Flow-fördernd erlebt werden. Im Zustand des Flow kann Konzentration auch auf eine komplexe Aufgabenstellung aufgebaut werden.

   Empfinden Sie dagegen Anstrengung oder wachsende Anspannung, dann sollten Sie sich besser auf eine Sache konzentrieren, Störquellen ausschalten, häufiger Pausen einlegen und sich entspannen.

8. Besonders fremdverursachtes Multitasking verstärkt Stress. Aus der Motivationsforschung wissen wir, dass der Mensch seine Aufgaben selbst organisieren und kontrollieren will. Eine Vorgabe durch den Vorgesetzten, mehreres gleichzeitig erledigen zu müssen, wird innerlich oft abgelehnt.

   Dies sollten Sie beherzigen, wenn Sie selbst Vorgesetzter sind. Überlassen Sie es Ihren Mitarbeitern, wie sie ihre Aufgaben erledigen wollen, und überfordern Sie sie nicht.

ROBUSTES ZEITMANAGEMENT FÜR TURBULENTE ZEITEN

6.1.4 Gefährliche Regeln des Zeitmanagements

Zeitmanagement wird uns oft als etwas sehr Einfaches und garantiert Erfolg Versprechendes verkauft, wenn nur die vorgeschlagenen Regeln befolgt werden. Alle diese Regeln wirken zunächst glaubhaft und vernünftig. Doch dabei wird eine Idealsituation unterstellt, die nicht viel mit unserem Alltag zu tun hat. An dieser Stelle möchten wir Ihnen kurz einige gängige Tipps zum Zeitmanagement vorstellen, die sich als durchaus kontraproduktiv erweisen können.

REGELN UND IHRE MODIFIKATION

„Fassen Sie Gleichartiges zusammen!"	Können Sie nach der Bearbeitung von 30 E-Mails noch einen diffizilen Bericht erstellen? Verteilen Sie Ihre Mailbearbeitung lieber in kleinere Blöcke.
„Nehmen Sie jeden Vorgang nur einmal in die Hand!"	Stellen Sie sich vor, Sie sind Personalchef. Würden Sie einem Mitarbeiter sofort kündigen, weil dieser (zum ersten Mal) fahrlässig gehandelt hat, nur damit Sie sich mit diesem Vorgang nicht nochmals beschäftigen müssen?
„Was weniger als eine (manche schlagen vor: zwei oder drei) Minuten dauert, sofort erledigen!"	Versetzen Sie sich in ein Großraumbüro. Immer wieder kommt ein Kollege vorbei. Ihr Telefon klingelt mehrmals pro Stunde. Auch neue E-Mails gehen unregelmäßig ein. Wie viel bleibt von einer Arbeitsstunde übrig, wenn Sie alle diese kurzen Anfragen sofort befriedigen? An dieser Stelle befürchten wir, dass manche Leser sagen müssen: „Das ist bei mir Alltag. Ich kann nichts dagegen tun!"
„Zeigen Sie Selbstdisziplin!"	Zweifellos gibt es Menschen, die sich sehr gut selbst disziplinieren können. Doch bei denjenigen, die nicht dazu in der Lage sind, lösen Appelle dieser Art schlechtes Gewissen aus, vermitteln Versagen und füttern nur das Monster der Stressspirale.

Eine Regel ist gut, wenn sie die Situation exakt beschreibt, in der sie gilt. Wie z. B. eine Spielregel im Sport oder beim Gesellschaftsspiel. Solche Regeln brauchen wir tatsächlich. Angefangen von der Kindererziehung, über Regeln unter Partnern bis zu Organisationsregeln im Unternehmen.

Regeln wirken dagegen belastend, wenn sie in den Raum gestellt werden und universelle Gültigkeit beanspruchen. Zu viele allgemeine Regeln in einem Unternehmen verhindern Disposition und Improvisation.

> Manchmal müssen wir auf dem Weg zum Erfolg Umwege gehen! Vor allem den Umweg des selbständigen Denkens und Entscheidens.

Das Eisenhower-Prinzip
Nur wenige Regeln des Zeitmanagements sind so bekannt wie das Eisenhower-Prinzip. Und wohl keine Regel des Zeitmanagements hat so viel Schaden angerichtet wie dieses Eisenhower-Prinzip.

Haben Sie, wie der frühere amerikanische Präsident Dwight D. Eisenhower, einen hochspezialisierten Beraterstab, der alle Ihre Entscheidungen vorbereitet, Sie berät und alle Ihre Entscheidungen anschließend umsetzt? Haben Sie eine Topsekretärin, die alle Ihre Termine in einen absolvierbaren Zeitplan einträgt? Haben Sie schließlich so viel Macht, dass Sie alleine bestimmen können, was überhaupt wichtig ist? Wenn nicht, dann sollten Sie das Eisenhower-Prinzip lieber nicht anwenden, ansonsten ist Ihnen möglicherweise dauerhafter Stress vorprogrammiert.

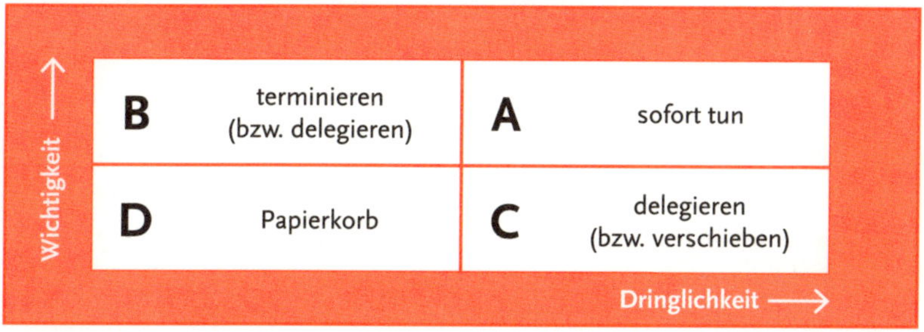

	Wichtigkeit ↑		
	B terminieren (bzw. delegieren)	**A** sofort tun
	D Papierkorb	**C** delegieren (bzw. verschieben)
		Dringlichkeit ⟶

Abbildung 23: Das Eisenhower-Prinzip

Nach dem Eisenhower-Prinzip werden Tätigkeiten in vier Quadranten mit den beiden Achsen „Wichtigkeit" und „Dringlichkeit" eingeteilt. Je nach Zuordnung zu einem Quadranten wird bestimmt, wann und wie die jeweilige Tätigkeit erledigt wird.

ROBUSTES ZEITMANAGEMENT FÜR TURBULENTE ZEITEN

„*Was gleichzeitig wichtig und dringlich ist, muss sofort getan werden*", schreibt das Eisenhower-Prinzip als scheinbar sinnvolle Arbeitsmaxime fest. Auf den ersten Blick klingt dieses Prinzip auch einleuchtend, vernünftig und verantwortungsbewusst. In der Praxis führt es allerdings zu einer Reihe von Problemen:

- Das Eisenhower-Prinzip suggeriert die Gleichwertigkeit von Wichtigkeit und Dringlichkeit bei der Bewertung von Aufgaben.
- Wichtigkeit und Dringlichkeit scheinen für viele Menschen gleichrangig zu sein. Manche verwechseln sogar die beiden Begriffe. Sofern sie mit Prioritäten arbeiten, setzen sie über 50 Prozent ihrer Aufgaben auf A. Daraus ergibt sich zwangsläufig ein hoher Anteil sofort zu erledigender Aufgaben, der ständig neu gespeist wird. Die dringlichen Tätigkeiten dulden keinen Aufschub. Also werden sie als Erstes bearbeitet. Die weniger dringlichen bleiben liegen.
- Wichtige Aufgaben, sofern nicht dringlich, sollen laut Eisenhower-Prinzip terminiert werden. Im Arbeitsalltag vieler bedeutet das: Sie werden terminiert, wegen Dringlichem erneut terminiert und so lange aufgeschoben, bis sie selbst dringlich werden oder bis es zu spät ist.
- Die Betonung der Dringlichkeit fördert das Verhaltensmuster eines Feuerwehrmannes und Krisenmanagers.
  Der Feuerwehrmann greift ein, wenn es bereits brennt. Er löscht zuerst dort, wo es am meisten brennt. Brennt es an mehreren Stellen, entsteht massiver Stress. Wer nach dem Eisenhower-Prinzip arbeitet, ist ständig unter Dampf. Brandvermeidung, also Vorbeugung, wäre wichtiger. Aber sie ist nicht dringlich und kommt damit zu kurz.

Wer sich auf das Eisenhower-Prinzip verlässt, läuft gerade in unserem Jahrzehnt des „Schneller, schneller!" Gefahr, ständig bis an die Leistungsgrenzen zu gehen. Ein „Sofort tun!" jagt das andere. Auf Dauer kann ständige Hochleistung nur zulasten des körperlichen und seelischen Ausgleichs und zur Belastung des familiären und persönlichen Umfelds durchgehalten werden. Burn-out – ick hör dir trapsen!

„*Zum ersten Mal hat eine erhebliche, schnell wachsende Zahl von Menschen die Freiheit, zu wählen. Zum ersten Mal müssen sie sich selbst managen. Und darauf ist unsere Gesellschaft in keiner Weise vorbereitet.*"

Peter F. Drucker, 2000

6.2 Zeitfresser, Zeitfallen und Grenzen

Oft haben wir uns für unseren Alltag so viele Dinge vorgenommen, dass sie auch bei gutem Zeitmanagement kaum zu bewältigen sind. Was wir dabei meist vergessen, sind Zeitfallen, Zeitdiebe und „Zeitkrankheiten".

Zeitfallen
- Unbeabsichtigtes
- Störungen

Zeitdiebe
- Verpflichtungen
- Echte Zeitdiebe

„Zeitkrankheiten"
- Dringlichkeitswahn
- Aufschieberitis
- Nicht Nein-Sagen
- Perfektionismus

... alle kosten Zeit, Konzentration und Energie!

Abbildung 24: Zeitfallen, Zeitdiebe und „Zeitkrankheiten"

Auch wenn es uns häufig nicht bewusst ist: Für vieles davon sind wir selbst verantwortlich. Manches andere können wir der komplexen modernen Arbeitsumgebung oder einer heiklen Konstellation unseres Privatlebens zuschreiben. Doch auch in diesen Fällen liegt es an uns selbst, eine Lösung zu finden.

6.2.1 Zeitfallen

Wenn wir von der „Tücke des Objekts" sprechen, dann haben wir es vermutlich mit Zeitfallen zu tun. Zeitfallen **behindern effektives und effizientes Arbeiten**. Das Bewältigen von Zeitfallen vermittelt meist keinerlei Befriedigung. Sie kosten lediglich Zeit, Nerven und Konzentration. Vor allem, wenn wir von einer Zeitfalle gleich in die nächste stolpern. Ganze Problemketten entstehen so, bis dann die Zusammenfassung der Tagesergebnisse lautet: „Heute ging auch alles schief."

ROBUSTES ZEITMANAGEMENT FÜR TURBULENTE ZEITEN

Als Zeitfallen bezeichnen wir folgende Aufgaben und Tätigkeiten:
- Aufgaben, die **komplizierter** sind und **länger** dauern als erwartet und trotzdem erledigt werden müssen. Diese Merkmale gelten allerdings für einen Großteil unserer Aufgaben.
- Tätigkeiten, die **nicht eingeplant** oder **nicht einplanbar** waren, aber notwendig sind.
  Wenn Sie sich etwa vornehmen, zu einem festen Zeitpunkt jemanden anzurufen, kommt es vor, dass Sie nicht wie erwartet die Telefonnummer in Ihrem Verzeichnis finden. Da Sie Ihre Kontaktdaten immer sauber pflegen und bereits mehrfach mit dieser Person telefoniert hatten, war damit eigentlich nicht zu rechnen.
- Tätigkeiten, die **weder kompliziert noch notwendig**, dafür **aber attraktiv** sind.
  Der Klassiker ist die Recherche im Internet. Ein vielversprechender Hyperlink verleitet dazu, noch einige weitere Seiten zu besuchen.
  Diese erwünschten Ablenkungen sollten nicht pauschal verflucht werden. Oft entstehen gerade durch diese zufälligen Fundstücke neue Ideen für künftige Vorhaben.

Wie können Zeitfallen vermieden werden?

Stellen Sie sich bei jeder einzelnen Aufgabe die Frage nach ihrem Zweck: „Was soll dabei herauskommen?" Sehr hilfreich kann die ergänzende Frage sein: „Wie lange wird die Erledigung im Optimalfall dauern?" Also keine der üblichen Zeitschätzungen, sondern ein Wunsch!

Bei komplizierten Aufgaben sollten Sie vorab die einzelnen Schritte oder den Lösungsweg skizzieren. Dann lassen sich zumindest manche der nicht eingeplanten Tätigkeiten identifizieren. Eine angemessene Vorbereitung deckt so manche Schwachstelle und Abzweigung zu einer Zeitfalle auf.

Diese Empfehlungen sind alle Grundregeln der Arbeitsmethodik. Dennoch, hier sollten wir uns nichts vormachen, wird in „Zeiten einer neuen Unvorhersehbarkeit" so mancher unbeabsichtigte Zusatzaufwand unvermeidbar sein.

Wenn wir davon ausgehen, dass Selbstdisziplin nicht jedermanns Sache ist, dann dürften die attraktiven Ablenkungen am schwierigsten zu beheben sein. Trainieren Sie sich darin, mehrere Dinge im Auge behalten zu können. Dann können Sie auch den attraktiven Ablenkungen klare Grenzen setzen. Hilfsweise dient auch eine immer sichtbare Übersicht mit den Tagesvorhaben dazu, rechtzeitig weitere Ausflüge ins Internet oder wohin auch immer zu beenden.

6.2.2 Zeitdiebe, Verpflichtungen und das Nicht-Nein-Sagen

Neben den Zeitfallen kann unsere Arbeitseinteilung durch Zeitdiebstahl sabotiert werden. Wir übernehmen Verpflichtungen oder lästige Aufgaben, die uns Arbeit bereiten, Zeit kosten und vom Verursacher gerne mit dem Etikett „wichtig und dringend" versehen werden.

Als Zeitdiebstahl können wir Verhaltenweisen bezeichnen, von anderen Menschen Leistungen zu erwarten, ohne selbst Gegenleistungen zu geben.

> Beispiel: E-Mail, die einer der Autoren von einem Prüfungskandidaten erhielt, den er bei einer schriftlichen Abschlussarbeit betreute.
>
> *Hallo Herr Hütter,*
> *hier ist meine Arbeit. Können Sie mir möglichst schnell Feedback geben?*
> *Mfg*
> *Maier*
>
> Die Dateianhänge waren in einem kaum gebräuchlichen Format gespeichert.

Natürlich dürfen wir nicht jedes unverbindliche Gespräch, jede Bitte oder Anfrage als Zeitdiebstahl bezeichnen. In einer modernen Berufswelt, die auf Vernetzung, Informationsaustausch und Serviceorientierung basiert, gibt es viele Aufgaben, die wir annehmen müssen, ohne daraus selbst Nutzen zu ziehen. Dies sind Verpflichtungen. Sie gehören zum Notwendigen, das wir erledigen müssen, ohne einen persönlichen Ertrag damit verbinden zu können. Diese **Unterscheidung in Verpflichtungen und Zeitdiebstählen ist wichtig**, um jeweils angemessen reagieren zu können.

Weiter wissen viele Kollegen oder Bekannte oft gar nicht, wann sie uns Zeit stehlen. Besonders bei Telefonaten oder bei E-Mail-Kontakten ist nicht erkennbar, ob der Gesprächspartner Zeit für unser Anliegen besitzt.

ROBUSTES ZEITMANAGEMENT FÜR TURBULENTE ZEITEN

Auf diese Weise kommt ein Großteil der störenden Unterbrechungen zustande. Doch darüber kann man sich schnell verständigen. Durch eine höfliche Anfrage „Haben Sie ein paar Minuten Zeit für mich?" bzw. durch eine – ebenfalls höfliche – Absage.

Umgang mit notorischem Zeitdiebstahl – „Nein", dezent oder direkt
Haben Sie es dagegen mit einer Person zu tun, die des Zeitdiebstahls verdächtig ist, dann sollten Sie grundsätzlich für Ihre Leistung eine Form wählen, die Ihnen wenig Aufwand beschert, und dezent vermitteln, dass Sie die Angelegenheit nicht interessiert.

Vor allem aber sollten Sie sich bei notorischen Zeitdieben nicht scheuen, öfters „Nein" zu sagen. Tun Sie sich schwer damit, „Nein" zu sagen? Vielleicht, weil Sie dabei an barsche Ablehnungen denken, an Sanktionen durch den anderen oder daran, sich unbeliebt zu machen.

Beim Nein-Sagen macht der Ton die Musik. Es gibt so viele Varianten. Lernen Sie vor allem die unterschiedlichen Taktiken von Zeitdieben zu unterscheiden:

- Sagen Sie sofort „Nein", wenn Sie bei einer Anfrage von vornherein „Nein" denken.
- Falls Sie sich überrumpelt fühlen, bitten Sie um Bedenkzeit.
- Ist eine Erwartung an Sie in ein schmeichelhaftes Angebot eingekleidet, dann bedanken Sie sich für das Vertrauen, lehnen aber mit großem Bedauern wegen eigener dringender Angelegenheiten ab.
- Sie müssen nicht jeder Frage eines Zeitdiebs zustimmen, bevor er die eigentliche Erwartung äußert. Drücken Sie, sobald Sie seine Absicht bemerken, durch Sprache und Körpersprache (!) Ihre Skepsis aus.
- Wenn Sie unsicher sind, ob Sie eine Verpflichtung übernehmen sollen, stellen Sie Bedingungen. Echte Abzocker gehen darauf nicht gern ein.

Gehen Sie nur Vereinbarungen ein, die Sie einhalten können und wollen. Wenn Sie „Ja" gesagt haben: Setzen Sie alles daran, Ihre Aufgaben und Verpflichtungen vereinbarungsgemäß zu erledigen! Denken Sie daran, jedes „Ja" ist ein weiterer Strick für Zeitgestresste.

Grenzen setzen – gezielte Selbstentlastung
Spätestens wenn Sie zu viel um die Ohren haben und gar nicht mehr wissen, wie Sie die Arbeit bewältigen sollen, lohnt es sich, bei jeder Aufgabe

zu überprüfen, ob, wann und in welchem Umfang Sie diese erledigen müssen.
- Fragen zum Auftraggeber oder Bittsteller: Mit wem habe ich es zu tun? Muss ich die Aufgabe übernehmen? Bin ich für ihn zuständig? Ist es eine Verpflichtung oder will mir jemand die Zeit stehlen?
- Fragen zum Zeitpunkt: Muss ich die Arbeit jetzt ausführen? Was geschieht, wenn ich sie liegen lasse? Gibt es einen besseren Zeitpunkt für diese Arbeit? Gehört die Arbeit zu meinen geplanten Aktivitäten? Hat die Verschiebung des Zeitpunkts Einfluss auf weitere Arbeiten?
- Fragen zur eigenen Person: Muss *ich* die Arbeit selbst ausführen? Kann die Arbeit an einen anderen delegiert werden? Gehört die Arbeit überhaupt zu meinem Sachgebiet? Bringt mich die Aufgabe meinen Zielen näher? Warum will ich die Arbeit annehmen?
- Fragen zur Ausführung: Muss die Arbeit auf diese Art und Weise ausgeführt werden? Wie exakt muss die Arbeit ausgeführt werden? Gibt es bessere Möglichkeiten, die Arbeit zu bewältigen?

6.2.3 „Zeitkrankheiten"

Mit dem Begriff „Zeitkrankheiten" bezeichnen wir persönliche Verhaltensweisen, Gewohnheiten und Eigenheiten, die ein *angemessenes* Bearbeiten von Aufgaben behindern. Motiviert sind solche Verhaltensweisen durch sofortige Flucht-Impulse unter Stress oder durch innere Stressoren wie Antreiber und Glaubenssätze.

Sind Sie von Perfektionismus befallen?

Gerade Perfektionisten laufen Gefahr, in eine ==Abwärtsspirale aus Streben und Scheitern== zu geraten. Sie denken zu sehr in Schwarz-Weiß-Kategorien: Wer nicht perfekt ist, fühlt sich schnell als Verlierer. In diesem Fall liegt die Aufmerksamkeit nicht bei den eigenen Stärken, sondern bei den Schwächen. In der Folge entstehen Versagensängste. Ein wichtiger Schritt aus dieser Falle ist es, zu erkennen, dass die Erwartungen an sich oder andere unrealistisch hoch sind.

Wer zu Perfektionismus neigt, verfügt häufig über folgende Persönlichkeitsmerkmale: eine gute, aber starre Selbstorganisation und hohe persönliche Standards, aber auch Leistungszweifel und ggf. Bewertungsangst. Sind die beiden letzten Merkmale stark ausgeprägt, wird von „getriebenem Perfektionismus" gesprochen.

ROBUSTES ZEITMANAGEMENT FÜR TURBULENTE ZEITEN

> Perfektionismus ist ein Karrierekiller. Eine Studie von IBM zeigt, dass nach Meinung von 1000 Befragten beruflicher Aufstieg nur zu 10 Prozent von der Qualität der Arbeit abhängt. Wichtiger sind der Bekanntheitsgrad im Unternehmen und eine souveräne Ausstrahlung.
>
> Nicht perfektionistische Personen wirken souveräner, da sie durch Fehler nicht ihre Gelassenheit verlieren. Sie besitzen die Fähigkeit, Prioritäten zu setzen und zu selektieren.

Neige ich zu Perfektionismus?

Die folgenden Fragen können Ihnen helfen, Ihre Anfälligkeit für Perfektionismus herauszufinden.

- Mir fällt es schwer, eine angefangene Aufgabe abzuschließen, bevor das letzte Komma richtig sitzt.
- Ich neige dazu, alles mehrfach zu überprüfen.
- Es fällt mir schwer, einen Entwurf, der als solcher gekennzeichnet ist, an andere weiterzugeben, ohne ihn sauber auszuarbeiten.
- Während ich mit einer Aufgabe beschäftigt bin, mache ich keine Pausen zum Denken bzw. vom Denken.
- Mir fällt es schwer, eine angefangene Aufgabe zu unterbrechen, wenn Wichtiges dazwischenkommt.

Bitte bedenken Sie: Perfektionismus ist eine Zwangshandlung. Er verträgt sich wunderbar mit dem Stressmuster, das zu einer eingeschränkten Wahrnehmung führt. Um Perfektes abzuliefern, bleiben Ihnen genügend Anlässe – immer dann, wenn es um etwas wirklich Wichtiges geht.

Denken Sie einmal in Ruhe über das Pareto-Prinzip nach!

Wenn Sie zu Perfektionismus neigen, dann kann Ihnen das Pareto-Prinzip vielleicht weiterhelfen. Der italienische Wissenschaftler Vilfredo Pareto hat in verschiedenen Untersuchungsfeldern ermittelt, dass 80 Prozent der Zweckerfüllung (Ertrag oder Nutzen) mit ca. 20 Prozent des gesamten Mitteleinsatzes (Aufwand) erzielt werden können.

Mit weiteren 30 Prozent des Einsatzes werden nur noch zusätzliche 10 Prozent Ertrag geschaffen. Mit 50 Prozent des Gesamtaufwands werden nur die letzten 10 Prozent des Ertrages produziert. Zumindest diese letzten 10 Prozent auszureizen, ist meist Zeitverschwendung!

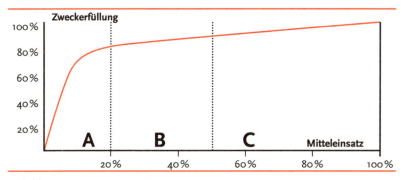

Abbildung 25: Das Pareto-Prinzip

Diese Zahlenverhältnisse wurden von amerikanischen Arbeitssoziologen in einer Studie über Arbeitseffizienz bestätigt.

Aus der Ferne sieht man manchmal besser!
Eine mögliche Ursache für Perfektionismus ist die fehlende Distanz zu einer Aufgabe. Mancher vergräbt sich in seinen Aufgaben wie in einer Grube, die man zwei Meter tief aushebt, so dass kein Blick über den Grubenrand hinaus mehr möglich ist. Falls Sie dieses Phänomen kennen, sollten Sie bewusst immer wieder aus der Grube heraussteigen. Schauen Sie sich die Umgebung an (die aktuelle Arbeitssituation, Ihre anderen Aufgaben, Ihren Zeitrahmen), bevor Sie in der Grube weiterbuddeln.

Aufschieberitis
Es ist immer wieder nötig, dass wir Aufgaben für einen späteren Zeitpunkt terminieren. Unter „Aufschieberitis" versteht man dagegen das ständige Aufschieben von Tätigkeiten aus Unlust oder aus Befürchtungen heraus.

Der amerikanische Zeitmanagementstar David Allen bezeichnet solche Aufgaben mit Recht als „lose Enden", die nur Unfug in unserem Kopf treiben: Je länger eine unangenehme Aufgabe aufgeschoben wird, desto mehr Energie kostet es, sie endlich in Angriff zu nehmen. Versagens- und Schuldgefühle verstärken sich von Tag zu Tag.

Und wie können Sie Aufschieberitis „verlernen"? Die folgenden Tipps setzen an unterschiedlichen Punkten an, an der Zweckorientierung, an Ihrer Motivation für eine Aufgabe, an den Arbeitstechniken und – wenn nichts anderes helfen sollte – an Belohnung:

ROBUSTES ZEITMANAGEMENT FÜR TURBULENTE ZEITEN

- Denken Sie daran, wie toll es sein kann, wenn Sie diese Aufgabe erledigt haben.
- Formulieren Sie die Aufgabe positiv und motivierend.
- Beseitigen Sie Ablenkungen.
- Wenn Sie bei einer Aufgabe blockiert sind, dann probieren Sie einen anderen Weg als denjenigen, mit dem Sie nicht mehr weiterkommen. Dieser andere Weg kann der bessere sein.
- Schenken Sie sich eine Belohnung.
- Beginnen Sie eine heikle Aufgabe spielerisch, ohne den Anspruch nach sofortigen Resultaten aufzubauen.
- Verpflichten Sie sich zu 10 Minuten Arbeit an einer unangenehmen Aufgabe.
- Zerlegen Sie eine Aufgabe in kleine Teilschritte. Nehmen Sie sich zunächst nur den ersten Schritt vor.
- Der wichtigste Tipp zuletzt: Machen Sie diesen ersten kleinen Schritt so bald wie möglich. Der zweite fällt dann schon etwas leichter. Wie der sog. Zeigarnik-Effekt bestätigt: Wenn wir etwas einmal angefangen haben, dann wollen wir es auch abschließen.

Ausnahme: Es gibt auch eine Kunst des Aufschiebens. Es spricht nichts dagegen, einen Vorgang aufzuschieben,
- wenn Ihnen unausgegorene Ideen serviert werden,
- wenn die Zeit für eine Entscheidung noch nicht reif ist,
- wenn keine Zeit vorhanden ist, weil andere Dinge tatsächlich wichtiger sind.

Vergessen Sie im letzten Fall nicht, es betroffenen Personen frühzeitig mitzuteilen!

Und schließlich die **Ausnahme von der Ausnahme**: Verschiedene Personen können denselben Vorgang sehr unterschiedlich priorisieren: Was für einen Projektmitarbeiter lediglich eine Beschäftigung von einer Stunde ist, mag für den Projektleiter eine Verzögerung von mehreren Tagen bedeuten, wenn der Vorgang in enger Abhängigkeit mit anderen Vorgängen steht. Zeitmanagement hängt an dieser Stelle eng mit dem Thema Kommunikation und Kooperationen zusammen.

6.3 Ansprüche an stressreduzierendes Zeitmanagement

Die Entwicklungen im Wirtschafts- und Arbeitsleben, in der Technik und im sozialen Bereich haben sich gegen Ende des letzten Jahrhunderts rasant beschleunigt. Die Auswirkungen auf den Einzelnen haben wir als neue *Unübersichtlichkeit* bezeichnet. Komplexität und Dynamik sind die Hauptmerkmale des heutigen Lebens geworden, vielgesichtig, widersprüchlich, weltweit und ständig neu. Diese Anforderungen an den heutigen Menschen erzeugen eine innere Unordnung, sofern es nicht gelingt, seelisch Schritt zu halten und sie als Herausforderungen zu erleben.

In der Folge hat Stress als ein Symptom deutlich zugenommen: Auch in Form von Zeitstress, einem subjektiv erlebten Dauerzustand, bei dem das normale Niveau von Ausgeglichenheit und unbefangener Wahrnehmung nur noch selten erreicht wird.

Anfangs des 21. Jahrhunderts benötigen Menschen einen ganzheitlichen Lebensansatz. Arbeit und Privatleben sollen in Balance kommen. Genauso ist eine innere Ordnung erforderlich, um sich ausgeglichen und flexibel der Umwelt stellen zu können. Damit muss Zeitmanagement zunehmend als Selbstmanagement verstanden werden: Nicht nur Planungsmethoden und Techniken, also kognitive Werkzeuge anwenden, sondern emotionale Qualitäten wie Einstellungen oder die Achtsamkeit gegenüber der inneren Stimme einbeziehen. Schließlich gehört die Ausrichtung auf einen Lebenszweck und Lebenssinn dazu.

Peter F. Drucker hat als einer der Ersten darauf hingewiesen, wie wichtig die Unterscheidung zwischen bloßer Effizienz (etwas richtig tun) und Effektivität (das Richtige zum jeweiligen Zeitpunkt tun) ist. Damit wurde der Blick frei für die Frage nach dem Wozu anstatt nach dem Wie, Wann und Wie lange. Anstatt des Erledigens von Aufgaben wird das Erreichen von Zielen bzw. das Erzielen von Wirkung zum Mittelpunkt des Denkens und Handelns.

> „Es ist weniger wichtig, etwas richtig zu tun, als das Richtige zu tun." (Nach Peter F. Drucker)

Diesen berühmten Ausspruch empfehlen wir Ihnen mit besonderem Nachdruck.

ROBUSTES ZEITMANAGEMENT FÜR TURBULENTE ZEITEN

Er ist der ideale positive Glaubenssatz immer dann, wenn die Gefahr besteht, unter Stresseinfluss Schnellschüsse und Fehlleistungen zu produzieren.

Der zweite Vordenker des Zeitmanagements ist Stephen Covey, der mit seiner „Zeitplanung der vierten Generation" den Anspruch eines ==ganzheitlichen, zukunfts- und ressourcenorientierten Denkens und Handelns== formulierte.

Unser Zeitmanagement sollte heute robust gegenüber Störungen und Unvorhersehbarem sein. Gleichzeitig sollten wir flexibel genug bleiben, um Zeitstress ausweichen und den Alltag leichter bewältigen zu können. Schließlich sollte das wirklich Wichtige im Leben im Mittelpunkt für uns stehen. Nur so ist Zeitmanagement für unsere rasanten Zeiten tauglich.

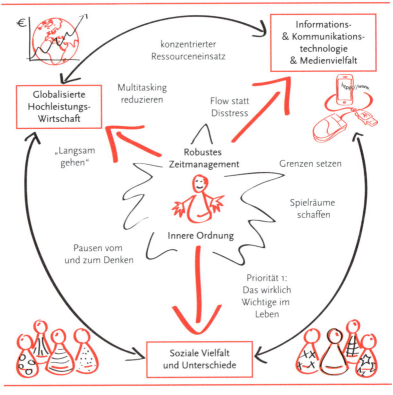

Abbildung 26: Robustes Zeitmanagement

Folgende Aspekte sind Ansprüche an ein robustes Zeitmanagement:
- Die Ausrichtung des Handelns auf unsere Ziele – zukunftsbezogen im Sinne unserer Lebensgestaltung (Erfolg, Glück, Zufriedenheit) arbeiten
- Optimaler Ressourcen- und Energieeinsatz – unsere Kraft und Fähigkeiten richtig einsetzen, weiterentwickeln, aber auch schonen
- Stressbewältigung – negative Konsequenzen für unser emotionales und gesundheitliches Befinden verhindern
- Balance im Alltag – die Alltagsaufgaben besser bewältigen und dabei im Lot bleiben

Abbildung 26 zeigt das Instrumentarium des Zeitmanagements, um auf die Herausforderungen der Gegenwart zu reagieren, um das Beste aus Stress zu machen. Sofern wir es nicht bereits angesprochen haben, konzentrieren sich die folgenden Abschnitte darauf.

6.3.1 Pausen, Puffer und Übergänge

Viele Menschen, die über täglichen Stress klagen, schliddern von einer Stresssituation in die nächste:

> Kaum ist eine Sitzung beendet, rasen sie zum Büro, um E-Mails abzurufen, und stürzen sich sofort in das Beantworten. Ein kurzer Blick auf die Uhr zeigt, dass bereits ein nächster Besprechungstermin ansteht. Also alle Materialien ganz schnell zusammentragen, noch ein Blick auf den Anrufbeantworter, ob er neue Anrufe anzeigt, und ab in die Besprechung.

Wer sich so verhält, braucht sich nicht zu wundern, wenn er unter Stress leidet. Die eben beschriebene Situation ließe es sicher zu, die eine oder andere Denkpause einzulegen, einen Puffer zwischen Terminen einzuplanen, zwischen zwei Tätigkeiten einen Blick auf die Tagesprioritäten zu werfen oder sich einfach eine kleine Entspannungspause zu gönnen.

Pausen und Puffer haben einiges gemeinsam: Sie liegen zwischen zwei Zeitblöcken, sind nicht oder nur wenig verplant, können flexibel verwendet werden und – das Entscheidende: Ein Puffer kann als Pause genutzt werden, wenn die Zeit davor sehr anstrengend war, genauso wie eine Pause als Puffer dienen kann.

ROBUSTES ZEITMANAGEMENT FÜR TURBULENTE ZEITEN

Pausen

Im Einzelnen können Sie Pausen zum Beispiel für Folgendes verwenden:
- als echte Entspannungspause
- um eine Entspannungsübung durchführen oder sich zu bewegen
- als Denkpause, um Abstand zu gewinnen
- um unproduktive Tätigkeiten oder Besprechungen aktiv zu unterbrechen
- um den Schreibtisch, Unterlagen oder Dateien zu ordnen
- als kreative Pause zum Denken
- um sich Überblick zu verschaffen und die nächste Zeit zu planen
- um sich mit Kollegen auszutauschen

Häufig entstehen die besten Ideen mit dem Abstand zu den Dingen, den man typischerweise in einer Pause gewinnt. Unser Gehirn sortiert das Neue der letzten Tätigkeit in das Muster bestehender Gedankenverbindungen ein und präsentiert uns plötzlich eine gute Idee.

Pufferzeiten

Pufferzeiten sind die Bandscheiben unseres Zeitmanagements: Sie federn ab und verhindern, dass sich Zeitdruck von einem Termin zum nächsten fortpflanzt. Pufferzeiten geben unserer Zeitplanung Flexibilität.
- Planen Sie zwischen wichtigen Aufgaben und Terminen Pufferzeiten ein. Sie erhöhen Ihre Flexibilität und vermeiden so Problemverkettungen, Zeitnot und unnötigen Stress. Bei schwer kalkulierbaren Tagesabläufen empfehlen wir Ihnen, 50 Prozent Pufferzeit vorzusehen.
- Pufferzeiten sind kein Leerlauf. Sie können, wenn Pufferzeit zwischen zwei festen Zeitblöcken frei bleibt, für die Erledigung von B- und C-Aufgaben verwendet werden.
- Nicht nur in echten Pausen, sondern auch in Pufferzeiten mit wenig anspruchsvollen Tätigkeiten können Sie sich regenerieren und Ihre Leistungsfähigkeit über den Tag hinweg erhalten.

Übergänge

Auch eine Routinebesprechung mit den Kollegen sollte nicht unbedingt mit einem knappen „Los geht's", sondern besser mit einer freundlichen Begrüßung beginnen. Übergänge erzeugen eine bessere Arbeitsqualität und bringen etwas Arbeitskultur ins Spiel.

Schaffen Sie Übergänge:
- um richtig anzufangen und richtig zu beenden
- für die inhaltliche Vorbereitung und Nachbereitung
- zur mentalen Vorbereitung

Sollten Sie Zweifel haben, warum solche Übergänge notwendig sind, dann denken Sie an Menschen, die Spitzenleistungen erbringen wollen. Hochspringer z. B. durchlaufen zwischen den Sprüngen ein präzises Programm: Den letzen Sprung verarbeiten, auflockern, mentale Vorbereitung und die richtige Spannung für den nächsten Sprung aufbauen.

Bei der Arbeit im Team kann die Entwicklung einer „Puffer- und Pausenkultur" Effektivität und Effizienz erhöhen: Ständige gegenseitige Unterbrechungen nehmen ab, denn Informationen können in gemeinsamen Pausen ausgetauscht werden. Das Gruppenklima und die individuelle Flexibilität verbessern sich.

6.3.2 Das Chaos gestalten: Improvisieren

Planung hilft, das Vorhersehbare auf die Reihe zu bringen, um effektiv und effizient arbeiten zu können. Doch auch bei allerbester Planung: Irgendwann, und gar nicht selten, schlägt der Zufall zu.

Improvisation ist die Kunst, die für das Unvorhersehbare zuständig ist: Nicht nur für Risiken, Störungen und plötzliche Probleme, auch zum raschen Ergreifen günstiger Gelegenheiten und Chancen.

Improvisation

Der Begriff Improvisation taucht in der klassischen Organisationslehre nicht umsonst auf. Neben der Organisation (zuständig für standardisierbare Abläufe) und der Disposition (fallweise Wenn-dann-Entscheidungen) bleibt ein großer Teil an Situationen, die als echte Ausnahmen nur durch Improvisieren lösbar sind.

Wenn es auf einmal kompliziert wird, wenn sich eine Weggabelung auftut, hilft die „Nullachtfünfzehn-Methode" nicht mehr weiter. Wer bereit ist, den geplanten Weg zu verlassen, wird sich leichter tun, auf plötzliche Ereignisse zu reagieren. Hier hilft Improvisation, die Fähigkeit der Organisationstalente.

ROBUSTES ZEITMANAGEMENT FÜR TURBULENTE ZEITEN

Eine erfahrene Leiterin in einer großen Station eines Krankenhauses kommt aus dem Urlaub zurück und stellt fest, dass in ihrer Abwesenheit einiges durcheinandergeraten ist. Sie erkennt schnell, welche Handgriffe als Nächstes notwendig sind, um einen funktionierenden Normalbetrieb wiederherzustellen. Mehr unterbewusst als bewusst hat sie in kurzer Zeit einen Überblick über ihre ganze Station gewonnen.

Der chaotische Arbeitstag

Es gibt Tage, an denen ständig eine Bombe platzt, das kennen wir alle. Der Chef ist krank und muss vertreten werden, wichtige Unterlagen müssen fristgerecht zu einer Behörde – wurden aber vom Kollegen verschlampt. Nicht am Arbeitsplatz, auch zuhause können die Probleme ihren Lauf nehmen. Das Schulkind liegt krank zuhause, braucht die Mutter und außerdem ist mitten in der Schulwoche niemand da, der sich sonst kümmern könnte.

Als Folge geraten wir in Stress. Die Stimmung fällt gegen Null. Wir neigen zu unüberlegten Reaktionen. Tausend Gedanken schwirren uns durch den Kopf. Wir bekommen Zweifel, wozu wir denn überhaupt noch fähig sind. Wir werden hektisch und gereizt.

Eine Planung mit reichlich Pufferzeiten reduziert die negativen Konsequenzen solcher Tage auf ein erträgliches Maß. Gehen Sie in solchen Situationen mit folgender Zielsetzung vor:

WENN DIE PLANUNG AUS DEM RUDER GELAUFEN IST

1 Das Allererste ist, erst einmal die normale Arbeitsfähigkeit wieder herzustellen.
   - Entspannen Sie sich.
   - Denken Sie an andere schwierige Situationen, die Sie erfolgreich gemeistert haben.
   - Sagen Sie sich immer wieder: „Jedes Problem ist eine Herausforderung. Ich bekomme das hin!"

2 Die wichtigen Aufgaben sollen so wenig wie möglich unter dem veränderten Plan leiden.
- Halten Sie, sofern Zeit bleibt, den Bearbeitungsstand unterbrochener Aufgaben fest. Das reduziert später die „geistige Rüstzeit" bei der Weiterarbeit.
- Informieren Sie unbedingt diejenigen, die aufgrund des Aufschubs von Aufgaben länger auf Ergebnisse von Ihnen warten müssen.

3 Nun können Sie Ihren Tag bzw. Ihre Woche überdenken und neu strukturieren.

In solchen chaotischen Situationen hilft die Regel des alten Laotse: „Wenn du es eilig hast, dann gehe langsam!"

6.4 Vorrang für das wirklich Wichtige im Leben

In seinem richtungsweisenden Buch „Die sieben Wege zur Effektivität" bezeichnet Covey das effizienzorientierte Zeitmanagement als die „dritte Generation". Die Bedeutung der Effizienz wird darin überbetont. Effektivität, „das Richtige tun", kommt zu kurz.

Dem stellt Covey die „Zeitplanung der vierten Generation" gegenüber: die Ausrichtung auf die „wirklich wichtigen Dinge im Leben". Dazu gehört die Chance auf ein zufriedenes Leben und auf Glück, jenseits einer Dauerbelastung durch Zeitstress.

Auch Covey arbeitet mit vier Quadranten, worin die wichtigen Aufgaben oben stehen. Dabei werden im Covey-Quadrat Aufgaben und Tätigkeiten in den beiden oberen Quadranten völlig anders bewertet als beim Eisenhower-Prinzip, was in der folgenden Abbildung im Detail dargestellt wird. Sie sehen, dass darin Wichtigkeit das entscheidende Merkmal einer A-Aufgabe ist, Dringlichkeit dagegen nicht.

ROBUSTES ZEITMANAGEMENT FÜR TURBULENTE ZEITEN

	dringlich	nicht dringlich
wichtig	**I** **A- oder B-Aufgaben** Krisen, dringliche Probleme, Projekte mit nahem Abgabetermin, Schadensbekämpfung **Frage:** Was muss sofort getan werden? A Sofort tun B Anders lösen lernen bzw. delegieren	**II** **A-Aufgaben** Vorbeugung, neue Möglichkeiten erkennen, neue Risiken prüfen; Träumen, Beziehungen pflegen; Ziele entwickeln, Planen; Erholen **Frage:** Was ist wünschenswert zu tun? Bevorzugt tun
nicht wichtig	**III** **C-Aufgaben** Unterbrechungen, manche Post, einige Anrufe, einige Berichte, unmittelbar dringliche Kleinigkeiten, beliebte Tätigkeiten! **Frage:** Was sollte ich jetzt nicht bzw. nicht ich tun? Delegieren, rationalisieren oder abstellen	**IV** **Papierkorb** Triviales, Werbesendungen, Anrufe, Zeitverschwender, angenehme Beschäftigungen! **Frage:** Was ist belanglos? Was kann ignoriert werden? Papierkorb! – Ausnahme: „Die Seele baumeln zu lassen"

Abbildung 27: Behandlung von Aufgaben nach der Zeitplanung der vierten Generation (Covey)

Somit finden sich im Quadranten II – wichtig, aber nicht dringlich – v.a. langfristig orientierte Aufgaben und Tätigkeiten wieder, Aufgaben mit ==nachhaltiger Wirkung==. Diese sollen ==bevorzugt bearbeitet== werden. Bevorzugt heißt nicht unbedingt zuerst. Selbstverständlich bleibt im Brandfall, Quadrant I – wichtig und dringlich –, nichts übrig, als sofort zu löschen.

Ist es Zufall, dass sich im Quadranten II genau diejenigen Aufgaben wiederfinden, die das Entstehen von Zeit- und Problemdruck, das Eintreten von Risiken und von Zeitstress verhindern? Wenn Sie sich auf Quadrant-II-Aufgaben konzentrieren, ==bauen Sie vor==, schaffen neue Beziehungen, kommunizieren mit Partnern und Kollegen, ==verändern Strukturen== und Abläufe, geben Wissen weiter und schaffen schließlich ==Synergieeffekte==. All dies sind Aufgaben, die ==ziel- und zukunftsorientiertes Denken== beinhalten. Gerade das wird heute, im privaten Leben, im Beruf und bei der Veränderungen von Unternehmen und Organisationen, gebraucht.

Einen Punkt sehen wir allerdings anders als Covey: Während er vorschlägt, angenehme Beschäftigungen gänzlich zu unterlassen, kann es für eine gestresste Seele sehr wohltuend sein, sich manchmal eine kleine Auszeit zu gönnen, um die Seele baumeln zu lassen.

Covey formuliert mehrere Prinzipien, die eine ganzheitliche Sicht von Zeitmanagement ermöglichen:
- Das wirklich Wichtige hat Vorrang!
- Proaktiv (vorausschauend) handeln!
- Ziel- und nutzenorientiert denken!
- Chancen und Risiken ständig im Auge behalten!
- Beziehungen pflegen!
- Die Säge schärfen (z.B. sich weiterbilden, neue Fähigkeiten erlernen)!
- An die eigenen Ressourcen denken! (Muße und Entspannung)
- Auf die innere Stimme hören! (Berufung, Hingabe und Lebenssinn)

Der reife, verantwortliche Mensch, der diese wichtigen Dinge in den Mittelpunkt seines Lebens und Arbeitens stellt, wird zum Leitbild des Zeitmanagements der vierten Generation. Genau diese Verantwortung und eine Reifung, die sich durch Gelassenheit und Abgrenzung von überflüssigen Ablenkungen der Hektik des heutigen Lebens entzieht, ist für stressgeplagte Menschen unabdingbar. „Das Wichtige zuerst", so schreibt Covey – vom Dringlichen ist nicht die Rede.

ROBUSTES ZEITMANAGEMENT FÜR TURBULENTE ZEITEN

Wie kann ich mehr Zeit für das Wichtige und das Proaktive gewinnen?
Sehen Sie sich dazu nochmals die Tabelle auf Seite 116 mit den vier Quadranten an.
1. Zunächst sollten Sie Spielräume schaffen, um künftig mehr Zeit für die wichtigen Aufgaben zu erhalten. Reduzieren Sie Aufgaben, die Sie den Quadranten III und IV zuordnen.
2. Der entscheidende Effekt tritt dann meist von alleine ein: Sie gewinnen Zeit für Tätigkeiten der Quadranten I und II. Oder, wenn es darauf ankommt, Pufferzeit.
3. Sie können dann Schritt für Schritt den Stapel der wichtigen und dringenden Aufgaben, Ihre Quadrant-I-Aufgaben, abarbeiten oder reduzieren.
4. Schließlich gewinnen Sie immer mehr Zeit, um vorausschauende Aktivitäten im Sinne des Quadrant-II-Denkens anzugehen.

Die Qualität Ihrer Arbeit steigt mit der Zeit! Vielleicht schon nach einigen Tagen, spätestens nach einem halben Jahr sollten Sie die deutliche Verbesserung erkennen können.

Nicht verwechseln: Effektivität und Effizienz
Halten Sie die beiden Begriffe Effektivität und Effizienz strikt auseinander, wenn es um die Entscheidung über Ihren Zeiteinsatz geht.
- Effektivität („das Richtige tun") orientiert sich an den Zielen und an der spezifischen Situation.
  Effektivität erfordert ggf. das Bilden von Zwischenzielen und die Auswahl des richtigen Vorgehens.
- Effizienz dagegen („etwas richtig tun") beurteilt das Verhältnis von Ertrag und Aufwand.
  Effizienz erzielen Sie, wenn es gelingt, das Pareto-Prinzip einzuhalten: 80 Prozent des Ertrags einer Maßnahme werden bereits mit 20 Prozent des nötigen Aufwands erzielt.

Insofern ist eine Aufgabe dann am besten gelöst, wenn beide Kriterien *angemessen* erfüllt werden. Das bedeutet:
- Zeitlich und inhaltlich bevorzugte Beschäftigung mit wichtigen Aufgaben, möglichst mit deutlich mehr als nur 20 Prozent des nötigen Aufwands (vgl. Pareto-Prinzip!).

- Nachrangige Beschäftigung mit normalen und weniger wichtigen Aufgaben mit möglichst wenig Aufwand.

Später werden wir begründen, dass es keinen Sinn macht, die weniger wichtigen Aufgaben in den Terminkalender einzutragen. Damit sind wir beim Begriff der Priorität.

6.4.1 Prioritäten

Was meint jemand, wenn der von „Priorität" spricht? Wenn Ihr Chef zu Ihnen sagt: „Dieser Vorgang hat absolute Priorität!" Was meint er damit? Dass der Vorgang besonders wichtig oder besonders dringend ist?

Umgangssprachlich wird im Begriff Priorität sowohl der inhaltliche wie der zeitliche Vorrang vermengt. Seien Sie also vorsichtig mit diesem Begriff und fragen Sie im Zweifelsfalle nach, was gemeint ist. Vielleicht hat es bei Ihnen geklingelt: Nicht alles, was dringend ist, ist gleichzeitig wichtig. In unserem Konzept wird Priorität ausschließlich für den inhaltlichen Vorrang, also für die Wichtigkeit im Bezug auf Ziele oder situativ notwendige Maßnahmen, verwendet.

> Gängig sind vier Kategorien von Wichtigkeit (inhaltliche Priorität):
>
> A = sehr wichtig   B = wichtig   C = weniger wichtig   0 = Papierkorb
>
> Priorität A sollte nicht verstanden werden als „sofort tun!", sondern eher als „bevorzugt tun".

6.4.2 Richtig Ziele setzen

Haben Sie manchmal das Gefühl, dass Ihre Arbeit – trotz fleißiger Zeitplanung – keinen roten Faden besitzt? Dass Sie das *Wie* im Griff haben, dass aber das *Wofür* unklar bleibt?

Denken Sie ergebnis- und nutzenorientiert!
Jede Arbeit an einer Veränderung und Verbesserung sollte immer das erwünschte Ergebnis im Auge behalten. Der sichtbare Nutzen und das erwartete Ergebnis bestimmen, was wir erreichen können. Jede Aufgabe, die wir ausführen, sollte einem Ziel oder Zweck dienen.

ROBUSTES ZEITMANAGEMENT FÜR TURBULENTE ZEITEN

Ziele, die von einer Vision gelenkt werden, ziehen automatisch an
Nur intensiv wahrgenommene Ziele besitzen so viel *Kraft*, dass sie unser Verhalten lenken. Wenn Sie sich den *Zielzustand* so vorstellen können, dass er in einer *Vision* aufgeht, dann erhält das Ziel eine magnetische Kraft, die Ihre Energie auf das Erreichen des Zieles konzentriert.

Ziele sollten Sie visualisieren oder gut ausformulieren. Um sie nicht zu vergessen, am besten schriftlich.

Ziele brauchen bestimmte Eigenschaften, damit sie motivieren können
Vielleicht nutzen Sie die SMART-Formel (vgl. die linke Spalte in folgender Liste), die oft nicht ausreicht, um Ziele angemessen zu beschreiben.

Ziele sollen		... aber auch
1 schriftlich fixiert werden	S	in der Gegenwart (Präsens) formuliert werden
2 quantitativ und qualitativ messbar sein	M	nutzenbietend und positiv formuliert werden
3 das richtige Kaliber besitzen	A	ihre Auswirkungen berücksichtigen
4 aus eigener Kraft erreichbar sein	R	mit Betroffenen und Helfern abgestimmt werden
5 terminierbar sein	T	in Teilziele und Maßnahmen zerlegbar sein

Ein Ziel wie „*Ich möchte viel weniger gestört werden, weil ich mich sonst nicht auf meine wichtigen Aufgaben konzentrieren kann*" ist nicht attraktiv. Weder beschreibt es den eigenen Einfluss auf Störungen, noch besitzt es Attraktivität und verändernde Kraft!

Mit einem Vergleich wie „*Ich möchte weniger ...*" oder einer Verneinung wie „*Ich möchte nicht mehr ...*" kann unser Unterbewusstsein nicht umgehen. Es verweigert seine Unterstützung. Im Gegenteil: Wir werden uns im Alltag über jede Störung ärgern und ständig das Gefühl bekommen, dass wir uns gerade nicht konzentrieren können. Falsch formulierte Ziele können Stress erzeugen!

Ein Ziel sollte *unbedingt positiv formuliert* sein, und zwar so, als hätten Sie es bereits erreicht, also etwa: „Ich habe täglich eine Stunde Zeit, um konzentriert am Erfolg meiner wichtigen Aufgaben zu arbeiten."

6.5 Die Kalenderwerkzeuge für robustes Zeitmanagement

Robustheit und Flexibilität haben wir als Anspruch an modernes Zeitmanagement gefordert – besonders wenn das Ziel ein besserer Umgang mit Zeitstress ist.

Mit Unvorhersehbarem müssen wir immer rechnen, ohne zu wissen, wann was passiert. Unvorhersehbares soll nicht alle Planungen durchkreuzen, sondern stattdessen aufgefangen werden können. Auch der tägliche drängelnde Kleinkram darf nicht dazu führen, dass die großen und wichtigen Vorhaben regelmäßig vertagt werden, nur weil sie häufig nicht dringend sind. Wer unter Zeitstress leidet, fühlt sich unter Umständen als ganzer Mensch verplant.

> Ein flexibler Plan erleichtert es Ihnen, Ihren eigenen Zeitrhythmus einzuhalten und Ihre aktuelle Verfassung zu berücksichtigen.

Das folgende Verfahren berücksichtigt dies. Wir schlagen Ihnen eine dreistufige Zeitplanung vor. Diese sollte mehr an Effektivität als an Effizienz orientiert sein. Es kommt vor allem darauf an, das Richtige zu tun. Flexibilität und Übersicht bekommen dadurch einen neuen Stellenwert.

6.5.1 Eine dreistufige Zeitplanung

Die Reihenfolge der drei Stufen unterstellt, dass Sie bisher nur auf Tagesebene geplant und spätere Vorhaben, Termine oder Ziele irgendwie, und vielleicht nicht ganz systematisch, fixiert haben.

1. Ein schriftlicher Tagesplan – nur wenn nötig

Eine Planung auf Tagesbasis, also mit einem entsprechenden Tagesformular, brauchen Sie natürlich, wenn Ihr Arbeitstag typischerweise aus zahlreichen wichtigen Terminen und Aufgaben besteht. Dann ist eine gute Übersicht über das Tagesganze erforderlich.

Im Mittelpunkt der Tagesplanung, und dies gilt auch für die beiden folgenden Stufen, sollten die Fragen stehen:

ROBUSTES ZEITMANAGEMENT FÜR TURBULENTE ZEITEN

- Was ist mir heute wirklich wichtig?
- Was will ich heute auf jeden Fall erledigen oder vorantreiben?

Zur Tagesplanung gehört weiter eine Aufgabenliste, auf der *nicht termingebundene Aufgaben* erfasst werden. Diese Aufgabenliste wird unter 2. erläutert. Eine dritte Frage bezieht sich diese Liste:
- Was sollte oder könnte ich von der Aufgabenliste heute abarbeiten?

Sofern Sie nicht zu viele einzelne Tätigkeiten und Termine pro Arbeitstag festhalten müssen, sollten Sie eine Planung auf Wochenbasis ausprobieren. Vielleicht erkennen Sie dabei auch, dass in Ihrem Fall ein ausgefeilter Tagesplan gar nicht erforderlich ist.

2. Wochenplanung als Basis persönlicher Zeitplanung

Klassische Zeitplanung konzentriert sich auf die Tagesplanung. Dabei werden folgende Vorzüge einer wochenorientierten Planung, mit einer Wochenübersicht, übersehen:
- Ein Überblick über die ganze Woche erleichtert es, größere Vorhaben auf mehrere Tage aufzuteilen.
- Durch diese Übersicht kann die eigene Kraft besser auf große Ereignisse konzentriert werden. Steht zum Beispiel eine ganztägige Konferenz an, dann kann am Vortag Zeit für die Vorbereitung und am Folgetag Zeit für das Nachbereiten der Ergebnisse reserviert werden. Wenn Sie mit einem anstrengenden Konferenztag rechnen, mag es sinnvoll sein, für den Folgetag nur anspruchslosere Arbeiten aus der Aufgabenliste einzuplanen. Psychologisch ist es im Wochenplan leichter als in einem Tagesplan, jedem wichtigen Termin einen Zeitpuffer zu spendieren.
- Es macht in vielen Fällen einen Unterschied, ob Sie eine Aufgabe zum Beispiel auf den hektischen Montag oder den ruhigeren Mittwoch legen. Auf Wochenbasis lässt sich einfacher disponieren.
- Die Woche enthält unterschiedliche Tagesverläufe, einschließlich des Wochenendes. Dadurch können Sie besser Zeit für Ihr Privatleben reservieren und mit Ihrer Energie haushalten.
- Nur feste Termine und wichtige Aufgaben sollten in den Wochenkalender eingetragen werden – also Termine mit anderen und „Termine mit sich selbst" für die großen, wichtigen Aufgaben. Das verschafft Übersicht über das Wesentliche.

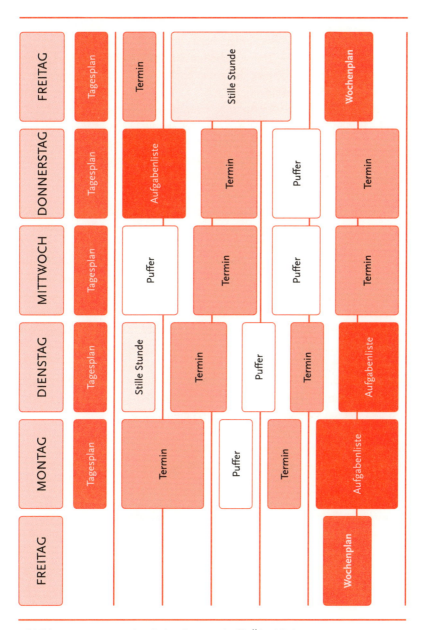

Abbildung 28: Der Wochenkalender verschafft Überblick

ROBUSTES ZEITMANAGEMENT FÜR TURBULENTE ZEITEN

- Puffer vor und nach allen wichtigen Einträgen machen den Plan flexibler. Wir hatten Ihnen empfohlen, bis zu 50 Prozent Ihrer Arbeitszeit als Puffer zu verwenden. Damit schaffen Sie Spielräume, um das Unvorhergesehene aufzufangen, das einen engen Terminplan ständig durcheinanderbringen würde.
- Nicht termingebundene Aufgaben gehören nicht in den Terminkalender. B- und C-Aufgaben würden die Übersichtlichkeit des Wochenplans nur zerstören. (Das gilt übrigens auch für einen Tagesplan.) Sie werden am besten in einer Aufgabenliste (To-do-Liste) erfasst. Diese Aufgabenliste wird immer fortgeschrieben: eintragen, erledigen, durchstreichen, das Nächste eintragen usw.
  Diese Liste sollte immer schnell greifbar sein, um jederzeit neue Tätigkeiten erfassen zu können oder um zu überprüfen, welche Aufgabe als Nächste erledigt werden kann.
- Diese B- und C-Aufgaben können in freien Pufferzeiten abgearbeitet werden. Damit sie sich nicht zu sehr häufen, können dafür im Terminplan auch kleinere Zeitblöcke reserviert werden. Sofern es sich um wenig anspruchsvolle Tätigkeiten handelt, sollten Sie diese auf Zeiten legen, in denen Sie selbst normalerweise nicht besonders fit sind, oder auf solche, in denen Sie am häufigsten unterbrochen werden.

Am besten vor dem Wochenende oder am Wochenende, mit etwas Ruhe und Abstand zum Tagesgeschäft, können Sie die kommende Woche strukturieren. Berücksichtigen Sie dabei auch die Folgewochen.
- Welche Schwerpunkte will ich setzen?
- Wo will oder muss ich etwas unternehmen?
- Wann finden wichtige Ereignisse und Termine statt, auf die ich mich gründlich vorbereiten möchte?

3. Die regelmäßige Planung in größeren Zeiteinheiten

Ein paar Mal im Jahr sollten Sie Ihr Augenmerk auf größere Zeiteinheiten (das Quartal oder das Jahr) und auf das große Ganze Ihres Lebens richten: auf Ihre Ziele, Projekte und andere wichtige Vorhaben. Berücksichtigen Sie dabei Ihre Lebensrollen im Beruf und im privaten Bereich.

Nehmen Sie sich in entspannter Atmosphäre mehrere Stunden Zeit für Fragen wie diese:

- In welchen Bereichen will ich oder wollen vielleicht mein Partner oder die Kinder etwas beginnen oder durchführen, was schon lange diskutiert wird?
- Was muss ich in nächster Zeit tun, um ein bestimmtes Ziel umzusetzen?
- Wann will ich mir größere Freiräume für einen Urlaub oder eine Renovierungsaktion einräumen?

Sofern noch nicht vorhanden, sollten Sie auch für Ziele, Vorhaben und Projekte übersichtliche Listen erstellen. Damit bekommen Sie Gleichartiges und Zusammengehörendes besser in den Griff.

Das Buch „Getting Things done" – auf Deutsch: „Wie ich die Dinge geregelt kriege" – von David Allen befasst sich mit dieser Ordnung von Gleichartigem und Zusammengehörendem sehr ausführlich.

6.5.2 Was ist besser – ein elektronischer oder ein Papier-Kalender?

Viele schätzen automatische Synchronisation zwischen dem PC, auf dem z.B. Outlook als betriebsübliches Organisationssystem läuft, und persönlichem Organizer: schnell, zuverlässig, von Tabelle zu Tabelle, fertig! Andere legen Wert auf die regelmäßige Beschäftigung mit ihrem Papier-Kalender.

Die Entscheidung über die Wahl eines Zeitmanagement-Werkzeugs überlassen wir Ihnen selbst. Sie hängt von zu vielen einzelnen Präferenzen ab, als dass wir sie hier knapp darstellen könnten. Unser Cornelsen Pocket-Buch „Zeitmanagement" behandelt zudem diese Frage sehr ausführlich. Auf einen Punkt wollen wir allerdings hinweisen:

Ein großer Vorzug von Zeitmanagement-Software und Organizern gegenüber Zeitplanbüchern scheint der zu sein, dass das Übertragen von Einträgen in andere Kalendereinheiten mit ein paar Mausklicks oder einfach durch Wechseln der Bildschirmansicht von Jahr auf Woche oder von Woche auf Tag erledigt ist.

Weil ein echter Übertrag bei elektronischen Systemen entfällt, unterbleibt häufig ein zweiter, genauerer Blick auf die einzelnen Einträge. Wenn Sie dagegen zum Beispiel einen Reisetermin vom Jahresblatt in ein Wochenblatt übertragen – wie es bei Kalendern im Papierform notwendig ist –, dann fallen Ihnen sicher automatisch einige Details zu dieser Reise ein, die Sie bisher nicht bedacht haben. Beachten Sie, wie wichtig dieser zweite Blick auf ein Vorhaben ist, wenn ein Termin in nächster Zeit ansteht – auch wenn Sie elektronische Planer bevorzugen.

6.6 Planen – Sich hineindenken und doch den Überblick behalten

Beim Zeitplanen denken wir uns in unterschiedlich langen Zeiträumen: jetzt gleich, heute, die kommende Woche, ein Projektablauf oder ein ganzes Jahr. Wir befassen uns mit Zeiträumen, die in naher oder in fernerer Zukunft liegen. Immer geht es dabei um zwei Ebenen mit unterschiedlichen Sichtweisen:

- Abstand und ein nüchterner Blick verhelfen zu einem **Überblick über das Ganze**, über den ganzen zu planenden Zeitraum.
  Ist zum Beispiel ein Arbeitstag bereits voll mit Terminen, sollte nüchtern erwogen werden, ob und wie eine wichtige Verhandlung darin noch Platz findet.
- Nähe und ein Sich-Einfühlen ermöglichen es, die **Besonderheiten des einzelnen Vorhabens** frühzeitig wahrzunehmen.
  Bei den Gedanken an die erwähnte Verhandlung kommen Fragen und Emotionen auf, die sich auf deren Einschätzung beziehen: Wird es angenehm oder zäh? Wie gut sind meine Karten, um ein positives Ergebnis zu erzielen? Bin ich nach einem anstrengenden Tag noch fit für eine heikle Verhandlungsführung? usw. Dieses Hineindenken ist stressanfällig.

Je besser es gelingt, zwischen beiden Ebenen zu pendeln, bis eine klare Entscheidung gereift ist, desto besser funktioniert Zeitplanung.

6.6.1 Planen Sie schriftlich oder noch besser: zeichnerisch

Fragen Sie sich öfter: *„Irgendetwas wollte ich doch heute unbedingt noch machen?"* oder: *„Warum habe ich zwei Termine gleichzeitig vereinbart, obwohl ich nur einen davon wahrnehmen kann?"*
Wer nur im Kopf plant, ohne Hilfsmittel, verliert schnell die Übersicht. Er wird belastet durch das unangenehme Gefühl, wichtige Dinge nicht vergessen oder versäumen zu dürfen. Halten Sie mögliche Aufgaben, Termine und Ideen immer sofort fest.

- Sie bekommen einen besseren Überblick über anstehende Aufgaben und Termine.
- Sie können Ihre Zeit besser organisieren.
- Was Sie aufgeschrieben haben, können Sie nicht oder weniger leicht vergessen.
- Sie werden entlastet vom Gefühl des Nicht-vergessen-Dürfens.

Wichtig ist, dass eine entsprechende Liste schnell und möglichst immer greifbar ist. So kostet die Unterbrechung der aktuellen Arbeit durch einen neuen Eintrag nur wenige Sekunden. Später, wenn Sie sich einen Überblick über alles Anstehende verschaffen und wenn Sie Zeit neu planen, können Sie diese neuen Aufgaben in Ruhe bewerten oder terminieren.

Behalten Sie immer den Überblick
Da dies ein Arbeitsbuch zur Work-Life-Balance ist, wollen wir an dieser Stelle ausdrücklich den beruflichen und den privaten Kontext ansprechen. Ihre ausgeglichene Balance erfordert, dass Sie bei der Zeitplanung beide Bereiche im Blick behalten und die Termine koordinieren. Das heißt, dass Sie den Gesamtüberblick über alles wahren müssen. Vor allem jüngere Menschen nutzen auch für den privaten Bereich die Technik, was aber vor allem für die Terminverwaltung hilfreich ist. Bei der Planung geht es hingegen zunächst um den Überblick. Doch auch dabei kann ein Blick auf die Technik unterstützen.

OneNote ist der Name eines Programms des Anbieters Microsoft. Der Anspruch, den Bill Gates dabei hatte, war: Ich will alles Wichtige auf einer einzigen Seite, in einem Programm abbilden können. Ob dieses Programm das leistet, sei dahingestellt. Interessant in unserem Zusammenhang ist der Anspruch, auf einer Seite! Übersichtlich und ohne den Ballast langatmiger Texte.

> Ein Papier oder eine kleine Datei zu haben, die zu einem Thema das Wesentliche enthält, ist eines der wichtigsten Werkzeuge des Zeitmanagements.

Dieser Überblick muss nur helfen, zwei Fragen zu beantworten:

ROBUSTES ZEITMANAGEMENT FÜR TURBULENTE ZEITEN

- „Was ist für die Zukunft wichtig?" und
- „Was ist das Beste, was ich jetzt tun kann?"

Sofern es um Zuordnung und Zeiteinteilung geht, sind tabellarische Darstellungen, zum Beispiel in Aufgaben- oder To-do-Listen, am besten geeignet, um Informationen knapp und übersichtlich darzustellen.

Ansonsten bleibt Ihnen die Form überlassen: Eine Liste im PC ist nicht unbedingt besser als eine handgeschriebene, die mit Blümchen verziert ist. Wenn Sie nur relativ einfache Themen überblicksweise darstellen wollen oder wenn es um das Entwickeln neuer Ideen geht, reicht von Hand Notiertes in vielen Fällen aus. Beachten Sie allerdings: Die Idee ist „one note" nicht „thousend notes"!

Beim Zeichnen lässt es sich besser denken

Auch wenn Kompliziertes und Komplexes zu planen ist, sollten Sie nicht nur mit vorstrukturierten Planungsformularen arbeiten. Formulare fördern nicht unbedingt die Kreativität. Zusammenhänge können grafisch besser erarbeitet und dargestellt werden.

Das wissen viele Führungskräfte, die Teambesprechungen leiten müssen. Sie zeichnen, anstatt auf der Flipchart langweilige Brainstorming-Listen zu notieren! Probieren Sie einfache Darstellungstechniken aus, sofern die Ihrer Art zu denken entgegenkommen.

Beispiele dafür sind Mind-Mapping, Ablaufdiagramme oder ganz einfach freies Zeichnen. Verwenden Sie Symbole zum Strukturieren, Verbindungslinien zum Darstellen von Bezügen, Farben zum Ordnen und andere Elemente.

Die folgende Abbildung illustriert einen kleineren Entscheidungsprozess: Während des Schreibens dieses Buchmanuskripts mussten von einem der Autoren innerhalb eines Tages für eine Vereinsaktivität drei Aufgabenpakete erledigt werden. Die Frage war nun, wie eine vierte Aufgabe (in Bildmitte) zeitlich untergebracht werden könnte. Alles war wichtig und alles war dringlich. Die Entscheidung zur Vorgehensweise war nach etwa drei Minuten sehr befriedigend getroffen.

In Kapitel 5.2.5. wurde die Technik des „Pendels" vorgestellt, die dabei hilft, sich so lange mit einer Entscheidung auseinanderzusetzen, bis Klarheit entsteht. Diese Zeichnung zeigt, wie Visualisierung einen solchen Lösungsprozess erleichtern kann.

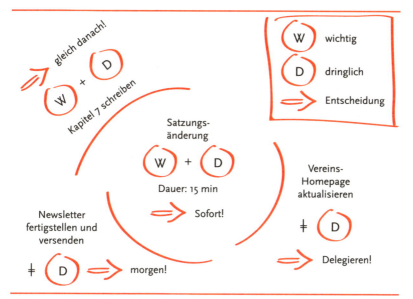

Abbildung 29: Durch zeichnerisches Pendeln eine Entscheidung finden

6.6.2 Gedächtnistraining – das Erinnern erlernen

Nicht einmal, wenn Sie mit einem Organizer arbeiten, werden Sie den immer bei sich tragen. Was tun, wenn Sie sich gerade dann, wenn Sie nichts zum Schreiben dabei haben, an eine fast vergessene Aufgabe erinnern, eine wichtige Telefonnummer festhalten wollen oder wenn Ihnen eine gute Idee zufliegt? Gute Ideen kommen oft dann, wenn wir Muße haben. Und eine Idee bleibt selten alleine.

Trainieren Sie Ihr Gedächtnis und Erinnerungsvermögen: Wie kann ich mir Zahlen, Daten, Fakten und Ideen so merken, dass ich mich bei Bedarf daran erinnere? Dafür gibt es unterschiedliche Techniken und es lohnt sich, sich mit Gedächnistraining zu befassen. Den Einstieg bilden einfache Tricks: Sich ein Bild machen, im Kopf eine kleine Liste zusammenstellen, Eselsbrücken wie Reime oder Wortverballhornungen, usw. Entscheidend ist bei diesen Techniken die möglichst sinnliche Speicherung im Gedächtnis. Zur optimalen Erledigung einer Aufgabe gehört auch eine entsprechende Vor- und Nachbereitung: ==Nicht nur Dokumente ordnen, sondern auch den eigenen Kopf!==

ROBUSTES ZEITMANAGEMENT FÜR TURBULENTE ZEITEN

6.6.3 Mentale und technische Vor- und Nachbereitung von Aufgaben

Jeden Tag müssen wir uns auf die unterschiedlichsten Aufgaben einstellen. Im Alltag geht dabei oft der Bezug zur Zielsetzung verloren:

- Eine Besprechung wird durchgezogen, weil sie jemand anberaumt hat. Kein Teilnehmer ist ordentlich vorbereitet.
- Eine wichtige Verhandlung wird geführt, ohne dass vorher Zeit für eine präzise Zielformulierung und einen sinnvollen Argumentationsaufbau blieb.

Jede Aufgabe, die Sie ausführen, sollte einem Zweck dienen. Stimmen Sie sich also darauf ein, das jeweils Beste aus der Aufgabe zu machen. Bei weniger Wichtigem ist geringer Aufwand das Beste. Bei einer wichtigen Aufgabe bedeutet das Beste, alle seine Kräfte auf die optimale Erfüllung zu konzentrieren. Daher sollten Sie sich mental darauf vorbereiten.

Achten Sie auf negative Erwartungen im Hinblick auf Ihre Vorhaben. Vermeiden Sie negative demotivierende Urteile. Diese wären einer Einstimmung nicht dienlich. Arbeiten Sie daran, die positiven Seiten eines Vorhabens deutlich wahrzunehmen. Sie können den Wert Ihrer Planung enorm verbessern, wenn Sie die folgenden drei Schritte beherzigen:

- **Mentale Vorbereitung**: Denken Sie frühzeitig an die wichtigsten Dinge, die auf Sie zukommen und die Sie mit Erfolg lösen wollen. Der Vorteil: Sie aktivieren die Kräfte Ihres Unterbewusstseins und reservieren Ihre Energie besser für diese Aufgaben.
  Mentale Vorbereitung kommt Ihnen vor allem bei besonderen Anlässen und Terminen zugute. Binnen Sekunden sind Sie im Thema drin. Kurz vor Beginn des Termins können Sie sich ganz schnell in den gewünschten, mental vorbereiteten Zustand versetzen.
- **Praktische Planung**: Am Wochenanfang bzw. morgens sollten Sie konkret anhand von Prioritäten planen und terminieren.
  Die Balance zwischen unterschiedlich strukturierten Aufgaben (z.B. einer Folge: heikles Mitarbeitergespräch, dann eine wichtige Dienstfahrt, abends noch eine anstrengende Gremiensitzung) ist leichter zu finden, wenn Sie sich schon Tage vorher darauf einstellen, was da auf Sie zu kommt.
- **Nachbereitung, Auswertung und Kontrolle**: Am Ende des Arbeitstages

sowie einer Arbeitswoche sollten Sie die wichtigen Resultate Revue passieren lassen.

Wenn Sie einen Tag mit einem guten, ausgeglichenen Gefühl abschließen wollen, dann stellen Sie sich am Abend die folgenden Fragen:

> **Die wichtigsten fünf Minuten des Tages**
> - Was habe ich heute erreicht?
> - Was ist mir heute gut gelungen?
> - Was hat mich heute besonders gefreut?
> - Was hat nicht wie geplant funktioniert?
> - Was werde ich das nächste Mal besser machen?

Prüfen Sie den Erfolg Ihrer Ergebnisse. Überlegen Sie, was künftig (noch) besser werden soll. Entlasten Sie sich von Misslungenem und Ärgerlichem. Und genießen Sie Ihre Erfolge!

Keine Angst: Dieses Nachdenken über Ihre Angelegenheiten kostet Sie, wenn Sie darin geübt sind, nur wenige Minuten. Sie werden dafür belohnt mit besseren und schnelleren Ergebnissen – und mit mehr Ausgeglichenheit!

Hänge nicht der Vergangenheit nach, verliere dich nicht in der Zukunft. Das Leben ist hier und jetzt.

Buddha

6.7 Zeitperspektiven bestimmen unser Denken und Handeln

Unser Verhalten in jedem Augenblick unseres Lebens hängt nicht nur von diesem Augenblick des *Jetzt* ab, sondern von all unseren früheren Erfahrungen und von unseren Erwartungen und Vorstellungen von der Zukunft. Unser Gehirn speichert Erfahrungen der Vergangenheit nicht nur als Erinnerung, sondern immer in Verbindung mit spezifischen Emotionen. So entstehen Glaubenssätze und Einstellungen. Genauso emotional gebunden sind unsere Gedanken über die Zukunft. Am deutlichsten natürlich

ROBUSTES ZEITMANAGEMENT FÜR TURBULENTE ZEITEN

bei Wünschen, genauso aber bei Visionen, Zielen, Hoffnungen, Befürchtungen und Zukunftsängsten.

All dies fließt in jede unserer Überlegungen, Entscheidungen und Handlungen ein, manchmal bewusst, meistens jedoch unbewusst. Jede unserer Handlungen im jetzigen Augenblick wird also sehr stark durch die beiden anderen Zeitkategorien bestimmt: durch Vergangenheit und durch Zukunft.

Die Bedeutung dieser Zeitachse Vergangenheit – Gegenwart – Zukunft wird durch neue Arbeiten eines amerikanischen Forscherpaares unterstützt: Wie unterschiedliche Zeitperspektiven unser Denken und Handeln bestimmen, haben die beiden Psychologen Philip Zimbardo und John Boyd untersucht. Im Laufe von drei Jahrzehnten hatten die beiden dazu mehr als 10.000 Menschen unterschiedlichen Alters und Herkunft in verschiedenen Ländern befragt.

Das Ergebnis: Viele Menschen denken bevorzugt in einer der drei Zeitkategorien, in Vergangenheit, Gegenwart oder Zukunft, und vernachlässigen die beiden anderen.

Aus den Befragungen haben Zimbardo und Boyd zu jeder der drei Zeitkategorien jeweils zwei unterschiedliche Einstellungen herausgefiltert und wissenschaftlich getestet.

So entstanden sechs Zeitperspektiven, die später um eine siebte ergänzt wurden:
- negative Sicht der Vergangenheit
- positive Sicht der Vergangenheit
- fatalistische Sicht der Gegenwart
- hedonistische Sicht der Gegenwart
- ganzheitliche Gegenwart (diese wurde Jahre später ergänzt)
- diesseitige Sicht der Zukunft
- transzendentale Sicht der Zukunft

> Jeder Mensch kombiniert einige der sieben Zeitperspektiven in seinem Denken. Er richtet Denken und Handeln wesentlich an seinen bevorzugten Zeitperspektiven aus.

Zimbardo und Boyd betonen, dass diese Zeitperspektiven nicht angeboren, sondern im Laufe unseres Lebens, vor allem in der Kindheit, erlernt wurden.

Jede Zeitperspektive besitzt positive Eigenschaften im Hinblick auf die Gestaltung des Lebens, auch zum Beispiel die „fatalistische Sicht der Gegenwart". Die beiden Forscher haben allerdings festgestellt, dass durch eine falsche Ausprägung der einen oder anderen Zeitperspektive, besonders durch ihre exklusive Wahrnehmung, ihre spezifischen Vorzüge für die Gestaltung des Lebens zunichte gemacht werden.

> **Beispiel**
> Eine Familie mit vier Erwachsenen fährt mit einem älteren Pkw in einen Kurzurlaub. Bereits nach wenigen Kilometern fällt das Fahrzeug aus. Ein Abschleppdienst muss gerufen werden. Dessen Fahrer sagt nach kurzem Blick unter die Motorhaube ganz trocken: *„Der Motor ist hinüber. Ihre Reise können Sie vergessen!"*
>
> Das erste Familienmitglied jammert: *„Ich habe es doch gleich gesagt, dass wir mit der alten Kiste nicht in Urlaub fahren können."*
> = fatalistische Sicht der Gegenwart
>
> Das zweite Familienmitglied hält dagegen: *„Na ja, dann machen wir es uns eben zuhause ein paar Tage ganz gemütlich."*
> = hedonistische Sicht der Gegenwart
>
> Das dritte Familienmitglied: *„Von wegen gemütlich, als Erstes werden wir uns ein neues Auto anschaffen müssen. Und das wird eine Menge Geld kosten."*
> = diesseitige Sicht der Zukunft
>
> Schließlich das vierte Familienmitglied: *„Wir hätten diese alte Karre nie kaufen sollen!"*
> = negative Sicht der Vergangenheit
>
> Können Sie sich ausmalen, wie die Diskussionen in dieser Familie typischerweise verlaufen?

Diese Zeitperspektiven haben bedeutenden Einfluss auf Entscheidungen, ohne dass wir uns dessen bewusst werden. Wichtig ist, so ein weiteres Ergebnis, wie groß die jeweiligen Anteile an den sechs Zeitperspektiven beim Einzelnen sind.

ROBUSTES ZEITMANAGEMENT FÜR TURBULENTE ZEITEN

Doch sobald wir unsere Zeitperspektive erkennen, sind wir in der Lage, sie zu verändern und zu einem glücklicheren und erfüllteren Leben zu gelangen.

> Philip Zimbardo:
> „Nach drei Jahrzehnten Forschungsarbeit haben Johns und meine Ideen viele Forscher in aller Welt beeinflusst, und heute bin ich mehr denn je davon überzeugt, dass Zeitperspektiven einer der mächtigsten – und am wenigsten bekannten und berücksichtigen – Einflüsse auf menschliches Denken, Fühlen und Handeln sind."

Bevorzugung bestimmter Zeitperspektiven führen dazu, gegen den Lauf der Zeit anzukämpfen.

Es gibt keine Wirklichkeit als die, die wir in uns haben.

Hermann Hesse

6.8 Zeitrhythmen und Balance

Die Uhr ist eine Erfindung des Menschen im Übergang vom Mittelalter zur Neuzeit. Wir unterteilen damit unsere Zeit in feste Einheiten, in den wir etwas leisten wollen. Wir zwingen uns dazu, uns an die Zeittakte der Uhr zu halten. In vielen Fällen widerspricht diese Zeiteinteilung unserer Natur.

Zeit besitzt daneben einen ==natürlichen zyklischen Maßstab==: die vier Jahreszeiten und den Wechsel von Tag und Nacht. Zyklische Zeit enthält Phasen des Wachsens und Produzierens und Phasen des Regenerierens und scheinbarer Unproduktivität. Dieser zyklischen Zeit haben sich Lebewesen, einschließlich des Menschen, im Laufe ihrer Entwicklung angepasst: Wir besitzen einen ==komplexen biologischen Rhythmus==. Mehrere innere Taktgeber synchronisieren uns mit der Natur, z. B. über das Tageslicht mit den Tageszeiten.

Diesen Rhythmus sollten wir beim Arbeiten als natürlichen Wechsel von Leistungsfähigkeit und Regeneration berücksichtigen.

6.8.1 Die täglichen Nervensägen

Ständige Unterbrechungen und Störungen durch Kollegen, Besucher, Telefonate und anklopfende E-Mails schaden unserer Konzentrationsfähigkeit, unserer Arbeitsmotivation, vermehren die Fehlerquote und erzeugen letztlich Stress. Darauf haben wir bereits mehrfach hingewiesen.

> **ÜBUNG**
> Erstellen Sie ein kleines Diagramm mit Ihren Arbeitszeiten auf der Zeitachse und tragen Sie dann die Zeiträume als Kurve ein, in denen Sie am häufigsten gestört werden. Vielleicht beoachten Sie die Situation einige Tage und machen sich dabei Notizen.

Die Störungen erzeugen im Lauf des Tages einen Sägezahneffekt: Durchschnittszahlen sprechen von 8 bis 15 Minuten geistiger Rüstzeit, von der Wiederaufnahme einer Tätigkeit bis zu konzentriertem Arbeiten. Doch Durchschnittszahlen liefern nur Mittelwerte. Deutlich wird durch den Sägezahneffekt, dass die Dauer der Wiedereinarbeitungszeit im Laufe des Tages zunimmt und die Leistungsspitze im Tagesverlauf abnimmt.

„Wer gegen seinen inneren Rhythmus lebt, braucht für viele Dinge mehr Zeit als eigentlich nötig."

Stefan Klein

6.8.2 Die inneren Leistungskurven des Menschen

Der innere Rhythmus eines Mensch wird zu einem guten Teil durch eine persönliche Tagesleistungskurve bestimmt. Die Leistungskurve des Frühaufstehers in der folgenden Abbildung wurde uns lange Zeit als *die* Tagesleistungskurve des Menschen schlechthin verkauft.

Viele unter uns haben jedoch ganz andere Zeiten der Leistungshochs und der Leistungstiefs. Bekannt sind zwei Grundtypen,
- die Frühaufsteher (Lerchen) und
- die Spätaufsteher (Nachtmenschen; Eulen).

ROBUSTES ZEITMANAGEMENT FÜR TURBULENTE ZEITEN

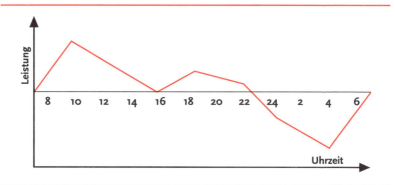

Abbildung 30: „Klassische" Tagesleistungskurve der Frühaufsteher

Wenn Sie es einrichten können, **Ihrer** Tagesleistungskurve zu folgen, dann geht Ihnen Ihre Arbeit wesentlich leichter von der Hand. Wenn es Ihnen möglich ist, dann legen Sie Ihre wichtigen Aufgaben auf die Phasen Ihrer Leistungshochs und verrichten weniger wichtige Tätigkeiten in Zeiten der Tiefs.

Der amerikanische Chronobiologe Ernest Rossi hat in empirischen Beobachtungen einen weiteren wichtigen Aspekt unserer inneren Uhr gemessen: den ultradianen Rhythmus.

Ein Leistungszyklus dauert beim Menschen circa. eine Stunde und zwanzig Minuten – bei allen beobachteten Personen mehr oder weniger gleich. Der Zyklus besteht aus vier Phasen:

Aus drei Phasen relativer Leistungsfähigkeit von je ca. zwanzig Minuten, der Phase der Erregung, der des Leistungshochs, der Phase bereits abnehmender Leistungsfähigkeit (laut Rossi löst sie bereits Stress aus) und schließlich einer vierten Phase, in der sich Körper, Geist und Seele erholen wollen. Rossi nennt diese vierte Phase ultradiane Heilreaktion.

Ein kleiner Aussetzer kann Ihnen signalisieren, dass Sie jetzt eine Pause brauchen. Wenn Sie nicht wollen, dass es nachher leichter geht, dann arbeiten Sie weiter. Wenn Sie das immer so machen, wird es Ihnen Ihr Körper allerdings irgendwann heimzahlen!

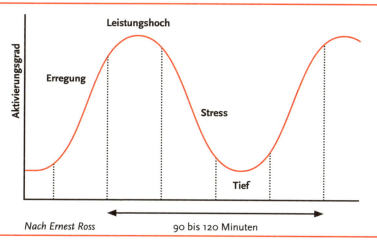

Abbildung 31: Der ultradiane Leistungsrhythmus

Kurze Pausen dienen also einer Heilung. Nach unserer Erfahrung müssen sie nicht zwanzig Minuten lang dauern und sie lassen sich sehr gut mit Pufferzeiten kombinieren: Wenn Sie sich in Pufferzeiten unkonzentriert oder gar abgespannt fühlen, dann tun Sie einige Minuten gar nichts. Wenn Sie noch fit sind, dann schnappen Sie sich einige einfache B- und C-Aufgaben.

Sie tun bereits etwas Gutes für Ihre Regeneration,
- wenn Sie zwischendurch Ihre Unterlagen ordnen und sich dabei etwas bewegen,
- wenn Sie ans Fenster treten, hinausschauen und dabei etwas Abstand zu Ihrer aktuellen Aufgabe und vielleicht sogar eine neue Idee bekommen.

Mindestens eine echte Pause, mit 30 bis maximal 60 Minuten, sollten Sie an einem langen Arbeitstag auf jeden Fall einlegen. Wenn Sie zum Bergsteigen gehen und den Gipfel eines Zweitausenders erreichen wollen, machen Sie ja schließlich auch Pausen.

In seinem besonders für gestresste Manager lesenswerten Buch „Die 20-Minuten-Pause" weist Ernest Rossi nach, dass langfristiges Missachten dieser Zyklen zwangsläufig zu Workaholismus und Burn-out führt.

ROBUSTES ZEITMANAGEMENT FÜR TURBULENTE ZEITEN

Ein Loblied auf Rituale

Britische Forscher haben herausgefunden, dass kleine tägliche Rituale das seelische Gleichgewicht stärken. Der immer gleiche Beginn mit dem morgendlichen Kaffee, dem Blumengießen und dem Ordnen der Schreibtischunterlagen sei also kein alberner Tick. Vielmehr stärkten solche Rituale nicht nur das Selbstbewusstsein, sondern bereiten uns auch auf die Anforderungen des Alltags vor. Danach sei man leistungsfähiger, könne effektiver arbeiten und sei überdies auch besser gegen Stress gefeit.

6.8.3 Zusammenschau: Zeichnen Sie Kurven

Wenn Sie Lust dazu haben, dann erstellen Sie einmal ein Diagramm, in dem Sie in zwei verschiedenen Farben in einer Tageszeitskala zwei Kurven übereinander legen:
- Ihre persönliche Leistungskurve
- kontrastiert zur Tagesstörkurve

Sie werden vermutlich einige interessante Schlüsse daraus ziehen können, zum Beispiel:
- ob Sie Ihre wichtigsten Arbeiten tatsächlich in Ihre Leistungshochs platzieren können,
- ob Sie ggf. Ihre Arbeitszeiten verändern sollten,
- ob sich Ihre persönliche Leistungskurve mit der Tagesstörkurve überschneidet und
- auf welche Zeit Sie am besten eine stille Stunde legen könnten.

Passen Sie dann Ihre Arbeitszeiten und Ihre Aufgabenverteilung an, sofern das in Ihrem Einfluss liegt.

6.8.4 Kampf den Unterbrechungen: Die tägliche stille Stunde

Sie werden häufig unterbrochen und kommen nicht dazu, Ihre wichtigsten Aufgaben konzentriert abzuschließen?

Unsere wichtigsten Aufgaben sollten wir auf die besten Stunden des Tages legen. Räumen Sie sich selbst täglich eine stille Stunde ein, in der Sie von Kollegen, Mitarbeitern und Kunden nur im Ausnahmefall unterbrochen werden dürfen. Möglicherweise müssen Sie dazu auch einige Dinge im gewohnten Tagesablauf und in der innerbetrieblichen Kommunikation umstellen. Auf jeden Fall sollten Sie mit Ihren Kollegen die Einführung einer stillen Stunden abstimmen, zumal sie sich gemeinsam leichter einrichten lässt.

Wenn das klappt, werden Sie vielleicht die Erfahrung machen, dass Sie jetzt rechtzeitig, mit mehr Konzentration und mit mehr Freude Ihre wichtigen Aufgaben erledigen können.

Lediglich bei Berufsgruppen, deren Aufgabe es ist, permanent erreichbar zu sein, bei Mitarbeitern in Call-Centern oder bei Chefsekretärinnen etwa, dürfte das Einrichten einer stillen Stunde schwierig sein.

Es gibt zwei Arten sein Leben zu leben: entweder so, als wäre nichts ein Wunder, oder so, als wäre alles ein Wunder. Ich glaube an Letzteres.

Albert Einstein

6.9 Lebensplanung mit Balance und Lebenssinn

Wir haben dieses Buch mit der Beschreibung dessen begonnen, was Sie hinter sich lassen, was Sie bewältigen wollen: von Stress, insbesondere von Zeitstress als subjektiv erlebtem „Ich habe keine Zeit!". Wenn Sie weg von einem Zustand wollen, geht es nicht nur darum, bis zu einem Punkt zu laufen, an dem nichts Unangenehmes mehr spürbar ist.

Wichtiger ist es, zu wissen, auf was Sie zulaufen wollen, welches Ziel Sie erreichen wollen. Zielorientierung führt uns wesentlich weiter als Problemorientierung.

Die letzte Abbildung dieses Buches fasst Prinzipien zusammen, die Ihnen auf diesem Weg helfen können, innere Ordnung zu finden, Ihre Lebensbereiche auszubalancieren und viele Anforderungen einer komplexen Umwelt nicht nur als beklagenswerte Probleme, sondern als echte Herausforderungen für Ihre Zukunft zu erleben.

Die Ziele Ihres Lebens, Ihre Lebensaufgabe und den Sinn Ihres Lebens müssen Sie selbst herausfinden.

„*Der Sinn des Lebens ist der Sinn, was immer er ist, wo immer er herstammt; ein einheitlicher Sinn gibt dem Leben Sinn*", formuliert Mihaly Czikszentmihalyi, der Erforscher der Bedingungen des Glücks und Entdecker des Flow. Im Flow-Zustand können mit besonders großen Anstrengungen in müheloser Hingabe enorme Aufgaben bewältigt werden.

ROBUSTES ZEITMANAGEMENT FÜR TURBULENTE ZEITEN

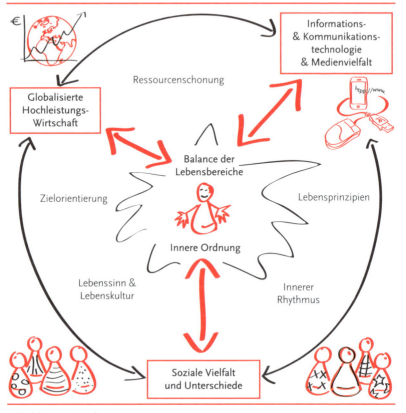

Abbildung 32: Balance

Das folgende Zitat mag Ihnen auf Ihrem Weg die Orientierung erleichtern:

> Oh Herr,
> Gib mir die Gelassenheit, das anzunehmen,
> was ich nicht ändern kann,
> und den Mut, das zu ändern,
> was ich ändern kann,
> und die Weisheit,
> zwischen beidem zu unterscheiden.
>
> *Franz von Assisi*

7 DAS RICHTIGE TUN

Mit Hilfe dieses Buches haben Sie sich nun mit den verschiedenen Seiten des Themas Zeitstress beschäftigt. Vielleicht sind Ihnen bei der Lektüre des Buches zusätzliche Erkenntnisse gekommen, die Sie jetzt ergänzen können. Um Ihnen noch einmal die wichtigsten Aspekte ins Gedächtnis zu rufen, möchten wir an dieser Stelle die grundlegenden Gedanken zusammenfassen und Ihnen einige Tipps zur Umsetzung der angesprochenen Methoden und Techniken mit auf den Weg geben.

> Häufig nehmen wir uns dabei viel vor, viel zu viel auf einmal. Niemand kann sein Leben von einem Tag auf den anderen umkrempeln. Wir möchten Sie stattdessen anregen, sich ab sofort zumindest für **eine** Methode oder Technik aus diesem Buch entscheiden und **diese dann richtig zu machen**.

„Keine Zukunft vermag gutzumachen, was du in der Gegenwart versäumst."
Albert Schweizer

7.1 Vom Wollen ins Tun kommen – sich selbst motivieren

Regiert in Ihrem Leben auch das schöne Wörtchen „eigentlich"?

- „*Eigentlich* weiß ich, dass ich mit mehr Sport und anderen Essgewohnheiten gesünder lebe und mich wohler fühle."
- „*Eigentlich* ist es ja so, dass ich schon immer mehr Zeit für meine Familie haben wollte."
- „*Eigentlich* wollte ich den Chef schon seit Tagen darauf ansprechen, dass ich für das Projekt unbedingt mehr Zeit brauche."

Wir alle kennen das Problem. Offenbar bedeuten Vorsätze noch lange nicht, tatsächlich etwas zu verändern. Irgendetwas hält uns immer ab. Da ist dieser innere Widerstand, den wir immer dann überwinden müssen, wenn wir etwas in unserem Leben verändern möchten.

DAS RICHTIGE TUN

Eingangs sagten wir, dass das Buch verschiedene Wege aufzeigen soll, mit Zeitdruck besser umzugehen. Sie haben jetzt viele Ansätze, Methoden und Techniken kennen gelernt. Klar ist, dass Sie nicht alle auf einmal umsetzen können. Welchen Weg Sie einschlagen, ist Ihnen überlassen. Suchen Sie sich das aus, was Ihnen zusagt und zu Ihnen passt. Unser Ziel ist, dass Sie die Methoden für sich wählen, die Sie in Ihr Leben integrieren können. Nehmen Sie sich eine Technik ab sofort vor. Darüber hinaus empfehlen wir Ihnen ein Jahresziel zu entwickeln, in dem Ihr Wunsch-Zustand für die Zukunft festgeschrieben ist.

Was hilft *Ihnen* bei der Umsetzung? Menschen sind unterschiedlich. Manche Menschen sind sehr diszipliniert. Ihnen helfen feste Regeln und Routinen. Zu welcher Gruppe gehören Sie?

- Sind Sie der Typ, der ganz diszipliniert Vorhaben in die Tat umsetzt? Dann nehmen Sie sich für Ihre Aufgabe einen bestimmten Tag und Uhrzeit vor.
- Brauchen Sie den Anreiz einer Belohnung, um ins Tun zu kommen? Dann setzen Sie sich einen Anreiz, mit dem Sie sich nach getaner Arbeit belohnen können. Das kann der Kauf eines neuen tollen Buchs sein oder eine Aktivität, die Sie gerne mögen.
- Ist es wichtig für Sie, Spaßfaktoren in ihrer Arbeit auszumachen? Nicht alle Aufgaben, die wir täglich bewältigen, machen uns auch Spaß. Man kann Spaßfaktoren jedoch in viele Tätigkeiten einbauen, z.B. ist Bügeln nur noch halb so schlimm, wenn man dabei Musik hören kann.

Grundlegende Verhaltensänderungen gehören zu den größten Herausforderungen, die man im Leben bewältigen kann. Häufig ist der Anspruch an sich selbst hoch, sofort alles umsetzen zu müssen. Wir sind dann unzufrieden mit uns selbst, wenn es uns nicht schnell genug gelingt. Doch Verhaltensänderungen sind langfristige Prozesse, die über mehrere Jahre andauern können oder sogar sich über ein ganzes Leben erstrecken.

Die sechs Stufen der Veränderung
DiClemente und Prochaska sahen die Verhaltensänderung als einen Prozess, der in mehreren Stufen erfolgt. In den achtziger Jahren entwickelten die beiden Wissenschaftler ein Modell mit sechs Stufen der Verhaltensänderung:

SECHS-STUFEN-MODELL DER VERHALTENSÄNDERUNG

1 Abwehren Auf der ersten Stufe ist noch keine Bereitschaft zur Verhaltensänderung vorhanden. Die Person sperrt sich gegen die Veränderung. Sie sieht noch keinen Sinn oder Nutzen in der Umstellung. In dieser Stufe geht es darum, ein Problembewusstsein zu entwickeln.

2 Absichtsbildung In der zweiten Stufe kristallisiert sich eine gewisse Änderungsbereitschaft heraus. Die Person denkt nun darüber nach, ob sie etwas verändern könnte. Sie hat nun die vage Absicht, etwas zu ändern oder etwas Neues eventuell auszuprobieren. Sie sollten sich zu diesem Zeitpunkt damit beschäftigen, welche Vorteile Ihnen eine Verhaltensänderung bringen könnte und welche persönlichen Ziele Sie damit erreichen. Sie müssen nun klären, warum Sie etwas verändern wollen.

3 Vorbereitung Im nächsten Schritt wird die Veränderungsabsicht schon konkreter angegangen. Die neue Handlung wird vorbereitet und ausprobiert. Klären Sie ab, welche Hilfe Sie für die Umsetzung brauchen und wie Sie sie bekommen können.

4 Handlung In Stufe vier ist das Zielverhalten seit mindestens einem Tag stabil. Um eine Stufe weiter zu klettern, klären Sie ab, wie Sie mit Hindernissen und Rückschlägen umgehen. Wer unterstützt Sie? Wie belohnen Sie sich?

5 Aufrechterhaltung Die fünfte Stufe ist die Aufrechterhaltung des gewünschten Verhaltens. Diese Stufe ist erreicht, wenn das Verhalten mindestens sechs Monate stabil ist. Auch hier ist es wichtig, sich gedanklich damit zu beschäftigen, wie Sie mit Rückfällen umgehen. Bedenken Sie, wer so weit gekommen ist, hat schon viel erreicht.

6 Stabilisierung Ist die sechste und letzte Stufe erreicht, ist die Stabilisierung geschafft. Es besteht keine Versuchung mehr, ins alte Verhalten abzurutschen.

Seien Sie nicht zu streng mit sich selbst. In der Praxis ist es ganz normal, zwischendurch auch eine Stufe zurückzugehen und diese zu wiederholen. Wichtig ist die Fähigkeit, Rückschritte erfolgreich zu bewältigen und den Mut nicht zu verlieren.

Vielleicht haben Sie unsere Empfehlungen vom Anfang des Buches berücksichtigt, dieses Buch nicht nur zu lesen sondern ==durchzuarbeiten==. Dann haben Sie Ihre persönlichen Ansatzpunkte sicher längst identifiziert. Und möglicherweise auch bereits einiges unternommen und spüren die Verbesserung in der einen oder anderen Stresssituation.

Vielleicht stehen Sie aber erst jetzt, am Ende des Buches vor der Frage: *„Was tun und wie fange ich an?"* In diesem Fall sind Sie vermutlich in der Stufe 1 des obigen Modells. Die Bereitschaft, jetzt alle Ihre Ideen zur Verbesserung des Umgangs mit Zeitstress umzusetzen, ist kaum vorhanden.

Wenn Sie dieses Modell noch betrachten, dann erkennen Sie, dass diese erste Stufe nur eine Durchgangsphase ist. Lassen Sie jetzt ihre Absicht reifen, der Rest des Weges wird sich dann leicht finden und durchwandern lassen.

„Mit eigenem Geschick kann man sich aus den Steinen, die einem in den Weg gelegt werden, eine Treppe bauen."

Chinesische Weisheit

7.2 Umsetzungstipps

FÜNF-MINUTEN-START-TRICK
Das größte Problem ist meist, damit anzufangen, sich zu motivieren. Der Trick ist, sich vorzunehmen nur 5 Minuten durchzuhalten. Wenn wir dann immer noch keine Lust haben, dürfen wir aufhören. Natürlich hören wir dann nicht tatsächlich nach fünf Minuten auf, wenn wir schon mal alles vorbereitet und angefangen haben. Aber die Option, nach kurzer Zeit aufhören zu dürfen, erleichtert den Einstieg.

72-Stunden-Regel

Wer seine Ziele wirklich umsetzen will, beginnt am besten sofort. In dem Moment, in dem Sie den Entschluss zur Veränderung fassen, ist die Motivation am höchsten. Nach der 72-Stunden-Regel sollten Sie den ersten Schritt innerhalb von 72 Stunden umgesetzt haben. Darum schieben Sie Vorhaben nicht hinaus! Gehen Sie Ihre Ziele an. Sie brauchen die jetzige Motivation, um etwas zu verändern.

„Der Anfang ist die Hälfte des Ganzen."

(Aristoteles)

21-Tage-Regel

Wenn der erste Schritt getan ist, haben Sie die größte Hürde im Grunde schon genommen. Sie sind aktiv und möchten den eingeschlagenen Weg weitergehen bis zum Ziel. Vielen Menschen fällt es schwer, durchzuhalten und nicht bei den ersten Schwierigkeiten den Kopf in den Sand zu stecken.

Doch wenn Sie ernsthaft etwas in Ihrem Leben verändern wollen, müssen Sie konsequent dranbleiben. Viele Abläufe verfestigen sich erst durch Routine und Gewohnheit. Die Regel besagt, dass es mindestens 21 Tage dauert, bis ein Verhalten zu einem festen Lebensbestandteil geworden ist. Bleiben Sie also geduldig und machen Sie einfach weiter Schritt für Schritt. Dazu ein Beispiel:

Stellen Sie sich vor, Sie gehen über eine grüne Wiese. Wenn Sie sich umdrehen, werden Sie sehen, dass sich die Grashalme an der Stelle, über die Sie gegangen sind, umgebogen haben. Nach einer Weile biegen sich die Halme wieder in ihre Ausgangsposition zurück. Erst wenn Sie mehrmals über dieselbe Stelle gegangen sind, entsteht langsam eine feste Spur. Nur wenn Sie immer wieder diese Spur verfolgen, wird irgendwann ein Weg durch die Wiese entstehen.

Ähnlich funktioniert die Veränderung von eingeschliffenen Gewohnheiten.

DAS RICHTIGE TUN

Sie müssen neue Verhaltensweisen immer wieder wiederholen, bis sie sich in Ihr Bewusstsein eingeschliffen haben. Überfordern Sie sich nicht. Beginnen Sie mit kleinen Schritten.

> Um neue Gewohnheiten dauerhaft zu verankern, sollten Sie Handlungen möglichst zur selben Zeit, am selben Ort und auf die gleiche Art und Weise tun. Die ständigen Wiederholungen prägen die Handlung in unseren Tagesablauf ein.

Je häufiger Sie etwas wiederholen, desto geringer werden die inneren Widerstände und desto leichter kann die neue Gewohnheit umgesetzt werden.

Orison Swett Marden hat das Vorgehen in ein schönes Bild gebracht: „Am Anfang ist jede Gewohnheit nur wie ein einzelner, unsichtbarer Faden, doch jedes Mal, wenn wir die Handlung wiederholen, fügen wir einen weiteren Faden hinzu, bis schließlich ein dickes Tau entsteht, das uns in Denken und Handeln unwiderruflich bindet."

Ich weiß nicht, ob es besser wird, wenn es anders wird. Ich weiß nur, dass es anders werden muss, wenn es besser werden soll.

Georg Christoph Lichtenberg

7.3 Was will ich verändern?

Wissen Sie, wie Dompteure damit beginnen, Elefanten zu zähmen? Im ersten Schritt werden die jungen Elefanten mit einem Fuß angebunden. So sehr sie sich auch wehren, sie kommen nicht frei. Ganz allmählich gewöhnt sich der Elefant an die Gefangenschaft (und den Menschen). Irgendwann ist aus dem kleinen Elefanten ein großer, starker Elefant geworden. Die Relationen haben sich verändert. Mit Leichtigkeit könnte er sich jetzt von seiner Fessel befreien. Warum tut er es nicht? – Aus Gewohnheit, die lange Gefangenschaft hat ihn daran gewöhnt, dass Versuche loszukommen erfolglos sind.

Wie bei den Elefanten stecken unsere Füße – bildlich gesprochen – in einer dünnen Schlinge. Doch da wir unsere Fesseln jahrelang gewohnt sind, wagen wir es nicht auszubrechen.

Sie haben sich die Zeit genommen, ein Buch über Zeitstress zu lesen. Das war ein erster Schritt dahin, etwas zu verändern. Sie haben jetzt einige Tipps zum Umgang mit Stress erhalten. Es gibt keinen Grund, noch länger freiwillig in der Zeitfessel verhaftet zu bleiben.

Was hilft Ihnen Ihr Leben stressfreier zu gestalten? Welche Technik oder Methode nehmen Sie sich ab sofort vor? Entscheiden Sie sich für ein Vorhaben und bekennen Sie sich verbindlich dazu. Halten Sie Ihr Ziel schriftlich auf dieser Seite (oder einem passend gestalteten Extrablatt) fest. Erfahrungsgemäß ist das Bekenntnis zu einem Vorhaben, das niedergeschrieben ist, tiefer in unserem Bewusstsein verankert, als wenn es nur gedacht wurde.

Mein Ziel:

....

....

....

....

Datum und Unterschrift

Sie sollten aber auch Ihre langfristige Perspektive nicht aus den Augen verlieren:
- Wo möchten Sie in einem Jahr angekommen sein?
- Was ist Ihre Perspektive?

Auch hier ist es wichtig, sich schriftlich zu bekennen. Wir haben ein Beispiel einer persönlichen Zielvereinbarung für Sie entwickelt (Seite 149). Überlegen Sie sich auch, wie Sie sich motivieren Ihre Ziele umzusetzen.

DAS RICHTIGE TUN

Vorschläge zum Vorgehen:
- Wenn möglich planen Sie sich einen bestimmten Zeitpunkt in Ihrem Tages- oder Wochenplan ein, der für diese Tätigkeit reserviert ist.
- Gönnen Sie sich eine Belohnung, wenn Sie Ihr Vorhaben erreicht haben.
- Machen Sie sich auch Gedanken, welche Hindernisse und Widerstände Ihrem Ziel entgegenstehen. Wie können Sie Hürden erfolgreich überwinden? Wer unterstützt Sie? Wen können Sie um Hilfe bitten?
- Nehmen Sie sich ein Blatt Papier und notieren Sie nun Ihre persönliche Zielvereinbarung – in Anlehnung an das nebenstehende Muster und angepasst an Ihre Bedürfnisse.

„Was immer du tun kannst oder erträumst zu können, beginne es. Kühnheit besitzt Genie, Macht und magische Kraft. Beginne es jetzt."

J.W. von Goethe

PERSÖNLICHE JAHRESZIELVEREINBARUNG
(als Beispiel)

Jahres-Ziel: Stressbewältigung und besserer Umgang mit meiner Zeit

Mein Ziel ist erreicht, wenn ich bis zum 01. Oktober 20xx Folgendes umgesetzt habe:

- Ich habe mich selbst und meinen Körper kennengelernt. Ich kann jetzt auf die Signale meiner Seele und meines Körpers hören und Gegenmaßnahmen ergreifen.
- Ich habe mir ein Morgenritual angewöhnt und beginne nun jeden Tag in einer positiven Stimmung.
- Ich habe meine persönlichen Glaubenssätze überdacht. Die negativen Glaubenssätze sind nun in positive umgewandelt, meine positiven Glaubenssätze bestärken mich weiterhin.
- Ich habe mir eine Erfolgscollage gebastelt. Diese erinnert mich jeden Tag an meine Ziele und motiviert mich.
- Ich habe Entspannungsübungen in meinen Alltag integriert. Ich nehme mir die Zeit für diese Momente der Ruhe, wenn ich Stress verspüre.
- Ich habe Balance in mein Leben gebracht. Ich habe Wege gefunden, meine Zeit auf die vier Lebensbereiche ausgewogen zu verteilen.

Anmerkungen:
Wenn ich mein Ziel voll und ganz erreiche, verbringe ich ein Wochenende in den Bergen.
Sollte ich mein Ziel „übererfüllen", gönne ich mir einen einwöchigen Wellness-Urlaub.
Wenn ich meine Zielvereinbarung nicht erfülle, überdenke ich sie noch einmal. Nachdem ich meine Ziele nochmals überprüft habe und mir überlegt habe, wie ich in Zukunft meinen Stress besser bewältige, schreibe ich mir eine neue Zielvereinbarung.

Datum, Unterschrift

LITERATURVERZEICHNIS

- Allen, David: Wie ich die Dinge geregelt kriege. Selbstmanagement für den Alltag. München 2004
- Beck-Gernsheim, Elisabeth und Beck, Ulrich: Das ganz normale Chaos der Liebe. Frankfurt 1990
- Chopra, Deepak: Die sieben geistigen Gesetze des Erfolgs. 6. Auflage. München 2008
- Covey, Stephen: Die sieben Wege zur Effektivität. Ein Konzept zur Meisterung Ihres beruflichen und privaten Lebens, München 2000.
- Czikszentmihalyi, Mihaly: Flow. Das Geheimnis des Glücks, Stuttgart 1992
- Degener, Margret: Informationsverarbeitung und Lernen. Berlin, 2006
- Degener MOREOFFICE (Hrsg.) / Heinz Hütter: Zeitmanagement. Zeitfresser erkennen, Planungsinstrumente erfolgreich anwenden. 4. Auflage, Berlin, 2010.
- DiClemente, C. C. & Prochaska, J. O.: Toward a comprehensive, transtheoretical model of change: Stages of change and addictive behaviors. In W. R. Miller & S. Rollnick (Eds.), Treating addictive behaviors (pp. 3-24). New York: Plenum Press 1998
- Fischer, Gottfried u.a.: Stress im Beruf? Wenn schon, dann aber richtig! 2007
- Förster, Anja & Kreuz, Peter.: Alles, außer gewöhnlich. Provokative Ideen für Manager, Märkte, Mitarbeiter. Berlin 2007.
- Hüther, Gerald: Brainwash: Einführung in die Neurobiologie für Pädagogen, Therapeuten und Lehrer, DVD-Box zu einem Vortrag, Müllheim-Baden 2006
- Hütter, Heinz: Sprache als Lenkungswerkzeug, in Handbuch „Innovatives Projektmanagement", Kissing 2006
- Jackman, Ann: Ziele setzen, Ziele erreichen. Octopus Publishing Group Ltd. Fränkisch-Crumbach 2006
- Keicher, Imke: Einzigartigkeit schlägt Employability. managerSeminare Nr. 128, Nov. 2008
- Keicher, Imke: creative work – wie Unternehmen sich kreative Potentiale für die Zukunft sichern. Zukunftsforum Personal – München, 17. und 18. September 2009

- Klein, Stefan: Zeit. Der Stoff, aus dem das Leben ist. Frankfurt am Main 2006
- Lelord, François: Hectors Reise oder die Suche nach dem Glück. München, Zürich 2005
- Lotter, Wolf: Vorwärts Fremder. BRAND EINS, 04/07.2007
- Marx, Susanne Dr.: Das große Buch der Affirmationen. Kirchzarten bei Freiburg 2009
- Peuckert, R.: Familienformen im sozialen Wandel (4. Auflage). Opladen 2002
- Richardson, Pam: Lebe Deine Träume. Fränkisch-Crumbach 2006
- Riemann, Fritz: Grundformen der Angst. München 1978
- Rinpoche, Sogyal: Das tibetische Buch vom Leben und vom Sterben – Ein Schlüssel zum tieferen Verständnis von Leben und Tod. Frankfurt 2004
- Rossi, Ernest: Die 20-Minuten-Pause. Paderborn 1993.
- Rühle, Hermann: Die Kunst der Improvisation. Paderborn 2004
- Schlesiger, Christian und Matthes, Sebastian: „Ich schalt dann mal ab". WirtschaftsWoche Nr. 13, 22.03.2008.
- Schröder, Jörg-Peter und Blank, Reiner: Stressmanagement. Berlin 2004
- Sneade, G. Lynne und Wycoff, Joyce: To Do – Doing – Done. A creative approach to managing projects and effectively finishing what matters most. New York 1997
- Sprenger, Reinhard K.: Die Entscheidung liegt bei dir! Wege aus der alltäglichen Unzufriedenheit. Frankfurt 1997
- Storch, Maja und Krause, Frank: Selbstmanagement – ressourcenorientiert. Grundlagen und Trainingsmanual für die Arbeit mit dem Zürcher Ressourcen Modell ZRM. Bern 2002.
- Tausch, Reinhard: Hilfen bei Stress und Belastung, Reinbek bei Hamburg 1993
- Watzke-Otte Susanne: Selbstmanagement. Berlin 2003
- Zimbardo, Philip und Boyd, John: Die neue Psychologie der Zeit, Heidelberg 2009

QUELLEN IM INTERNET

- Bruggmann, Nicole: Gesellschaftlicher und familialer Wandel. 2004
  http://www.hoepflinger.com/
- Hanisch Christian: Endlich weg mit dem Stress, Paderborn 2000. Erschienen als elektronisches Buch. Download über www.activebooks.de
- Institut für Demoskopie Allensbach: „Vorwerk Familienstudie 2006". http://www.vorwerk.com/de/pdf/presse/publikationen/vorwerk_familienstudie2006.pdf
- Kreichgauer, Karl: Achtsamkeit, in Das Glücksarchiv. http://www.gluecksarchiv.de/inhalt/achtsamkeit.htm
- Schäfer, Annette: Mihaly Csikszentmihalyi – Mr Flow und die Suche nach dem guten Leben, http://www.psychologie-heute.de/portraits/mihaly_csikszentmihalyi.htm

STICHWORTVERZEICHNIS

21-Tage-Regel 145
72-Stunden-Regel 145

Achtsamkeit 69 ff.
Affirmationen 60 ff.
Aktivitäten 48
Akuter Stress 11
Alternative 35
Anforderungen 53
Arbeitsalltag 114
Arbeitsmethodik 46
Arbeitsqualität 30
Atemtechnik 62
Aufgabenliste 122
Aufschieberitis 107
Auslöser 23
Äußere Balance 66
Äußerer Stress 15

Balance 134, 139
Balance der Lebensbereiche 81
Balance, äußere 66
Balance, innere 66
Balancesystem 84
Bestärkungssätze 60
Bewertung, sekundäre 19
Bewusstseinserweiterung 73
Blockaden beseitigen 57

Chronischer Stress 11

Denken, duales 68
Denken, lösungsorientiertes 77
Denken, zielorientiertes 117
Denken, zukunftsorientiertes 117
Denkmethoden, stressregulierende 75
Denkprozesse 14
Disstress 12
Distanz schaffen 31
Duales Denken 68
Durcheinander, inneres 76

Effektivität 118
Effizienz 118
Eisenhower-Prinzip 99
Elektronischer Kalender 125
E-Mail-Flut 94
Emotionale Ebene 14
Energie tanken 58
Entropie 12
Entscheidungsprozesse 14
Entspannungstechniken 48
Entspannungszustand 64
Erleben, inneres 12, 18
Ernährung 48
Eustress 12

Flow 12, 40
Fünf-Minuten-Start-Trick 144

Gedächtnistraining 129
Gefühlserleben 14
Gefühlsregler 37
Gehirn 18
Gezielte Selbstentlastung 104
Glaubenssätze 54
Glaubenssätze, negative 54
Glaubenssätze, positive 54
Gleichzeitigkeit 27
Grenzen 101
Grenzen setzen 36

Improvisation 113
Informationsflut 27, 91
Innere Balance 66
Innere Stressfaktoren 16
Innere Vorgänge 22
Innerer Rhythmus 135
Innerer Stress 15
Innerer Widerstand 141
Inneres Durcheinander 76
Inneres Erleben 12, 18
Inneres Team 79

STICHWORTVERZEICHNIS

Jahreszielvereinbarung, persönliche 149

Kalenderwerkzeuge 121
Kognitive Neubewertung 19
Kognitiv-emotionale Techniken 31
Kognitiv-emotionaler Stressverarbeitungsprozess 43
Konzentration 74
Körpersprache 73
Kraft tanken 58
Kurven 138

Lebensführung 48
Lebensplanung 139
Lebensqualität 30
Lebenssinn 139
Lösungsorientiertes Denken 77
Lösungsorientierung 78

Mentale Nachbereitung 130
Mentale Vorbereitung 130
Mentaltechnik 37, 62
Metapher 66
Morgenritual 65
Motorische Ebene 14
Multioptionstretmühle 89
Multitasking 95
Muskulatur 14
Muster des Stressverhaltens 49

Nachbereitung, mentale 130
Nachbereitung, technische 130
Negative Glaubenssätze 54
Nervensystem 14
Neubewertung, kognitive 19
Neue Unvorhersehbarkeit 28
Nicht-Ziele 35
Notorischer Zeitdiebstahl 104

Papier-Kalender 125
Pareto-Prinzip 106
Pause machen 32
Pausen 111
Pendeln 74
Perfektionismus 105

Persönliche Jahreszielvereinbarung 149
Persönliche Ressourcen 40
Persönliche Tagesleistungskurve 135
Perspektive 35
Planen 126
Planung, praktische 130
Positive Glaubenssätze 54
Potenziale aktivieren 56
Praktische Planung 130
Primare Stressbewertung 18
Prioritäten 119
Probleme 39
Problemlösungen, sachliche 46
Problemlösungsmodell, zyklisches 48
Problemorientierte Sprache 78
Puffer 111

Regulationsmöglichkeiten 84
Ressourcen aktivieren 56
Ressourcen, persönliche 40
Rhythmus, innerer 135
Rhythmus, ultradianer 136
Rituale 138

Sachliche Problemlösungen 46
Sägezahneffekt 135
Schonhaltungen 17
Sekundäre Bewertung 19
Selbstentlastung, gezielte 104
Selbstorganisation 43
Sofortmaßnahmen 36
Sozialer Wandel 28
Spielräume schaffen 33
Sprache, problemorientierte 78
Stress 10, 14, 29
Stress, akuter 11
Stress, äußerer 15
Stress, chronischer 11
Stress, innerer 15
Stressbewertung, primare 18
Stressfaktoren, innere 16
Stressfall 45
Stressoren 17
Stressreduzierendes Zeitmanagement 109

Stressregulierende Denkmethoden 75
Stressreiz 19
Stresssituationen 44
Stressverlauf 13
Stressvermeidungsspirale 17
Synergieeffekte 117

Tagesleistungskurve, persönliche 135
Tagesplan 121
Team, inneres 79
Techniken, kognitiv-emotionale 31
Technische Nachbereitung 130
Technische Vorbereitung 130

Übergänge 111
Ultradianer Rhythmus 136
Umgebung wahrnehmen 53
Unvorhersehbarkeit, neue 28

Vegetativ-hormonelle Ebene 14
Verdrängungseffekt 87
Vergangenheit 24
Verspannungen 17
Verstand 14
Vorbereitung, mentale 130
Vorbereitung, technische 130
Vorgänge, innere 22

Wahrnehmung 14
Wahrnehmung von Zeitstress 22
Wandel, sozialer 28
Werkzeugkasten 43
Wichtigkeit 115
Widerstand, innerer 141
Wochenkalender 123
Wochenplanung 122

Zähltechnik 63
Zeichnen 128
Zeitdauer 86
Zeitdiebe 103
Zeitdiebstahl, notorischer 104
Zeitfallen 101
Zeitfresser 101
Zeitkrankheiten 105
Zeitmanagement 86, 88

Zeitmanagement, stressreduzierendes 109
Zeitperspektive 87, 131
Zeitplanung 115, 121
Zeitrhythmen 134
Zeitstress 20
Zeitstress, Wahrnehmung von 22
Zeitwahrnehmung 86
Ziele 119 f.
Ziele setzen 119
Zielorientiertes Denken 117
Zielorientierung 139
Zukunft 24
Zukunftsorientiertes Denken 117
Zyklisches Problemlösungsmodell 48

ÜBER DIE AUTOREN

Margret Degener
Margret Degener hat durch ihre Tätigkeiten als Trainerin und Coach langjährige Erfahrung in den Bereichen Zeitmanagement, Arbeitsorganisation, Work-Life-Balance und Teamentwicklung gesammelt. In ihren Seminaren und Coachings ist es Margret Degener besonders wichtig, dass sie die Inhalte praxisorientiert und lebensnah vermittelt. Ebenso legt sie viel Wert darauf, dass sie ihren Seminarteilnehmern eine Vielfalt an Methoden anbietet, um für jeden Teilnehmer die passende zu finden. Diese Einstellungen prägen auch dieses Buch.

Seit fast 20 Jahren leitet Margret Degener als Geschäftsführerin, das von ihr gegründete Beratungs- und Trainingsunternehmen MoreOFFICE GmbH. Parallel findet Sie die Zeit ihre beiden Kinder auf ihrem Lebensweg zu begleiten. Deswegen weiß die Autorin ganz genau, wie schnell Stresssituationen entstehen können. Ihr persönliches Erfolgsgeheimnis ist dann loslassen zu können und sich auf die wichtigen Dinge zu konzentrieren. „Ich muss nicht auf jeder Hochzeit tanzen", so Margret Degener. Die Unternehmerin und zweifache Mutter bringt durch die Herausforderungen im Arbeitsalltag zahlreiche persönliche Erfahrungen und wertvolles praktisches Wissen zum Thema Zeitstress in das Buch ein.
„Ich bin davon überzeugt, dass in jedem von uns alle Fähigkeiten und Potenziale liegen, um ein erfülltes Leben zu führen. Wir müssen diese Potenziale nur aufwecken", so begründet Margret Degener ihre Leidenschaft für ihren Beruf.

Heinz Hütter
„Es war für mich eine ganz besondere Herausforderung, mich mit Zeitstress auseinanderzusetzen und all die Denkansätze und Methoden zu sammeln, die den Alltag wieder ins Gleichgewicht bringen können."

Heinz Hütter ist Trainer, Coach und Mentalcoach. Besonders gerne arbeitet er in den Themengebieten Selbst- und Projektmanagement. Neben dem Beruf ist er ehrenamtlich für verschiedene Vereine als Vorstandsmitglied und als Fußball-Jugendtrainer aktiv. Privat gefordert ist er als Vater zweier noch nicht ganz erwachsener Kinder sowie in der Rolle des Sohnes, der sich um eine gebrechliche Mutter zu kümmern hat.

Balance halten!
Geht nur mit Rückgrat

Schätzen Sie klare Handlungsmaximen? Die Autorin nutzt die literarische Figur des Forrest Gump, um ihren Lesern zu zeigen, dass und wie Einfachheit erfolgreiches Leben ermöglicht. Ein Buch zum Nachdenken, das anschauliche Impulse gibt, die eigenen Ziele klarer zu sehen und konsequenter zu verfolgen.

Renate Schmidt
Das Forrest-Gump-Prinzip
176 Seiten, Festeinband
ISBN 978-**3-589-23668-8**

Weitere Informationen zum Programm erhalten Sie im Buchhandel oder im Internet unter **www.cornelsen.de/berufskompetenz**

Cornelsen Verlag • 14328 Berlin
www.cornelsen.de

Mein Arm ist schwer
Progressive Muskelentspannung

An manchen Tagen fällt es schwer, zur Ruhe zu kommen und mal abzuschalten. Dieses Hörbuch erklärt, wie Entspannung funktioniert, und stellt die entsprechenden Techniken vor. Im Praxisteil bietet es auto-suggestive Entspannung durch ein etwa 20-minütiges Musikstück mit Suggestionstext. Und jetzt: Liegen Sie so bequem wie möglich!

Hans-Michael Klein
**Entspannung –
Techniken zum Stressabbau**
Audio-CD, 70 min
ISBN 978-**3-589-24119-4**

Weitere Informationen zum Programm erhalten Sie im Buchhandel oder im Internet unter **www.cornelsen.de/berufskompetenz**

Cornelsen Verlag • 14328 Berlin
www.cornelsen.de